岩は、動く。

ぴあ創業者　矢内 廣

メモリアルグラフ

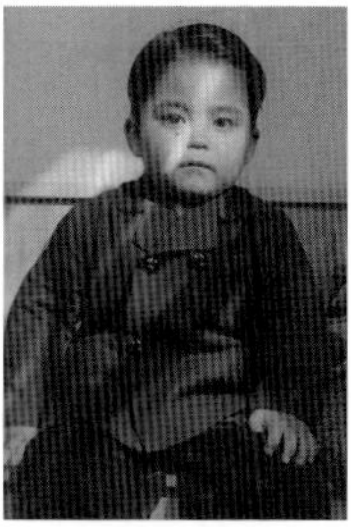

小学校入学当時。
あだ名は「哲学者」
（▶p20）

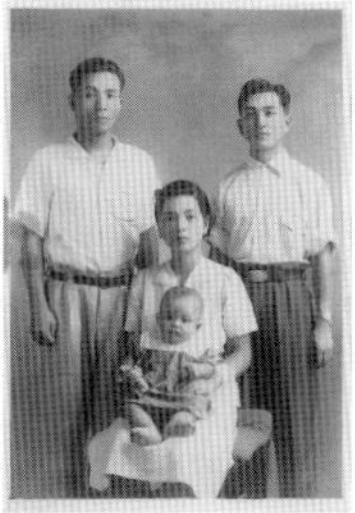

母・キクに抱っこされて。
後ろ左は父・安廣、右は叔父
（▶p20）

生後1年。
故郷の四倉海岸にて
（▶p20）

日本キリスト教書販売
専務時代の中村義治さん。
後の銀座・教文館社長
（▶p43）

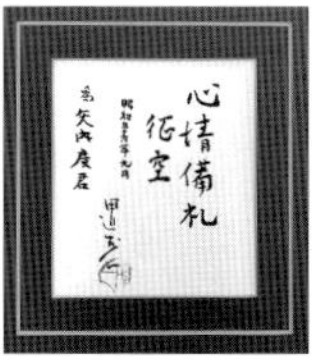

田辺さんからいただいた
直筆の色紙。
「心情礼を備えて
空を征(ゆ)く」
（▶p47）

出会った頃の紀伊国屋
書店社長・田辺茂一さん
（▶p42）

還暦当時の父。
最初の「ぴあ」理解者
（▶p36）

東映大泉撮影所で開催した
「第1回ぴあ展1977」の入場ゲート前で
（▶p57）

月刊『ぴあ』創刊号。
表紙イラストは高比良芳実さん（▶p39）

第2回「自主製作映画展」
（後のぴあフィルムフェスティバル=PFF）を
開催した文芸坐の前で仲間たちと
（▶p59）

及川正通さんの「ぴあ」表紙第1号。
その後、同一雑誌の表紙連載記録で
ギネスブック認定（▶p177）

PFFの特集企画で来日した
フランソワ・トリュフォー監督と（▶p73）

PFFの表彰式で大島渚監督と
（▶p61）

ぴあが初めて出資した映画「悲情城市」の
候孝賢監督と。右は音楽を担当した
立川直樹さん（▶p76）

「チケットぴあ」正式スタート時の記者会見(▶p112)

長野冬季オリンピック閉会式で、
当時IOCのサマランチ会長と(▶p191)

ぴあ創業30年で上場した時の新聞全面広告。
イラストは及川正通さん(▶p156)

ぴあ相談役との懇親会。左から当時
三井不動産会長の江戸英雄さん、一人置いて
当時日本精工会長の今里廣記さん、
当時余暇開発センター理事長(元通産省次官)の
佐橋滋さん、右端が矢内(▶p115)

旧国鉄操車場跡地に期間限定でオープンした
3,000人収容の巨大テントシアター「汐留PIT」
(▶p215)

東京証券取引所で上場セレモニーの
鐘を鳴らす矢内(▶p154)

当時ソニー会長の盛田昭夫さんと
パーティ会場で。中央は当時渡辺プロダクション
会長の渡邊美佐さん（▶p121）

京都賞のパーティ会場で、当時京セラ会長の
稲盛和夫さんと（▶p128）

東日本大震災の被災地復興支援活動・
チームスマイルの活動拠点「豊洲PIT」（▶p211）

14年間のぴあ社外取締役を経て終身相談役に
就任していただいた元松下電器産業副社長、
WOWOW会長の佐久間曻二さん（▶p236）

教文館・中村社長の古稀祝いで篠山紀信さんに
記念の写真集を撮ってもらった時の一枚（▶p43）

第1回大島渚賞受賞式で左から矢内、審査員長の
坂本龍一さん、受賞者の小田香監督、
女優で大島渚夫人の小山明子さん、
審査員の黒沢清監督（▶p86）

コロナのさなか、横浜みなとみらいにオープンした
1万人収容の「ぴあアリーナMM」（▶p220）

岩は、動く。

はじめに

恥ずかしながら自伝を書くことにしました。創業者の自己満足の極みかとも思いました。ただ、創業50周年のこの機を逃したらもうその機会はないと思い、意を決してペンを執りました。

今から50年前の大学4年生の夏、これまでなかった雑誌「ぴあ」を創刊しようとした時、周りの大人たちは誰もが無謀だと思っていました。それから12年後にチケットぴあをスタートする時、取締役会も銀行も皆んな反対でした。東日本大震災の後、被災地の復興支援活動「チームスマイル」を始める時も、社内は皆疑心暗鬼の渦でした。

でも、不可能という名の大きな岩は、信念を持って一生懸命に押していると、一緒に押してくれる人がまず一人現れ、そのうち何人にもなり、皆んなで押してるうちに動き始め、一度ゴロンとすると、ゴロンゴロンと転がります。

こうして、動かないはずの岩が何度も動いたのが、ぴあの50年でした。

思い起こせばぴあの歴史は発明の歴史でした。発明をしようとしてきたわけではなく、自分たちに必要なものを突き詰めると発明になっていたということです。

「ぴあ」のネーミングから始まり、情報誌「ぴあ」も、チケットぴあも、ぴあフィルムフェスティバル（ＰＦＦ）も、アプリ版「ぴあ」も、チームスマイルも、これまで世の中になかったものです。加えて、社内の様々な人事制度や経営管理手法も開発してきました。

それともう一つは、社会の大先輩たちとの幸運な出会いに恵まれたことです。何故か大事な節目節目で、この時この方にお会いしてなければその後のぴあはなかったと思える出会いが続きます。まさに導かれるようにでした。

様々な経営危機もありました。あまり外向けに話してこなかったことも記しました。何か自分の中で、50年を一つの区切りにしようとしているのかもしれません。

ただ何もないところから新しいビジネスを立ち上げ、そこに集った仲間たちとその家族たちを含め、経済性だけでなく幸せな生き方ができるよう奮闘してきた歴史は、少しは残す意味があるかもしれないとも思いました。

現在動かない岩と格闘中の皆さんにとって、この自伝に少しでもヒントになるようなことがあれば幸いです。

目次

―目次―

第2章

「ぴあフィルムフェスティバル」から映画の新しい才能を 55

第5章

「上場は、PFFの継続が条件」 149

第6章

システムトラブルで経営危機 161

第9章

「心の復興支援」を目指した「チームスマイル」

第10章

新たな未来へ進化するぴあ

序　章

生い立ち

あだ名は「哲学者」

私は、1950年(昭和25年)に、福島県石城郡四倉町(現いわき市)で生まれました。四倉は、東北にしては温暖な港町です。私はその町の田園地帯で幼少期を過ごしました。

父は磐城セメントに勤めるサラリーマンをしていました。ただ、小さな頃から書道が得意で、地元では書家としても評価を受けるような人でした。

幼少期の忘れ得ぬエピソードを一つ。かつて田舎の田園地帯には、「肥溜め」というものがありました。地面に穴を掘り、そこに肥料にするための「し尿」を集めて貯めておくのですが、農家にとって大切なその施設では、時々そこに人が落ちるという悲劇が起きました。5歳の私もその被害者で、ある日、住んでいた社宅の裏の畑にあったそれに、見事にはまってしまったのです。

全身糞尿まみれになった子どもがどんな気持ちになるか、想像に難くはないでしょう。わんわん泣き叫んでいると、畑仕事をしていた近所のおばさんが引っ張り上げて、裸にして頭から洗い流してくれました。泣きじゃくる私を、「ひろちゃん、小っちゃい頃に肥溜めに落ちた子は、大きくなったら偉くなるんだよ」と慰めてくれた言葉は、あの強烈な臭いとともに、忘れることができません。

母親は、一風変わった人でした。小学校に入ると、男子はみな丸坊主になります。ところが、それを嫌い、断固として私を坊主頭にしませんでした。それだけではありません。実は私の頭にはつむじが二つあり、左側の額の上の髪は、つむじのせいでピンと跳ね上がっていました。そのため、ピン留めでそれを押さえて、私を学校に通わせたのです。

男子で一人だけピン留めの長髪、入学早々の知能テストの出来もよかったらしく、私には「哲学者」というあだ名が付きました。友達はもちろん、先生も給食のおばさんも用務員さんも、みんなからそう呼ばれることになりました。

起業の原点?「甘納豆事件」

小学3年生の頃、その母親にこっぴどく叱られたことがありました。今思い出してもほろ苦い「甘納豆事件」です。

当時、私は、近所の駄菓子屋で売っていた甘納豆が好きで、毎日買って食べていました。一袋5円でしたが、おもちゃなどがもらえる1等から3等までのくじが入っているのが魅力で、景品欲しさもあって、子どもたちのおやつは、決まってその甘納豆だったのです。

そんな私の姿を見て、母親が鍋一杯の甘納豆を作ってくれたことがありました。一人ではとても食べ切れないので、どうしたものかと考えた末に、私はそれを友達に売ることを思いつきました。駄菓子屋と同じ一袋5円でも、量を多くしてくじも付ける。当たりくじの賞品も甘納豆です。

その頃、私は漫画を描くのに凝っていて、自作の紙芝居を作っていました。近くの神社の境内に友達を集めて紙芝居をやり、終わった後に、増量した甘納豆を販売。目論見は当たって、それは飛ぶように売れ、瞬く間に完売しました。いつもより多目におやつを食べられた友達から、大いに感謝されたのは、言うまでもありません。

私は、「いいことをした」という達成感でいっぱい。両手で売上げの小銭をジャラジャラさせて帰宅すると、母に「そのお金はどうしたのか?」と聞かれたので、事の次第を自慢げに話したわけです。すると、母親の表情は一変しました。「誰に売ったのか、一人残らず思い出せ」と言われ、文字通り首根っこを掴まれて、一軒一軒、謝罪と返金に回りました。生まれて初めて味わった、天国から地獄の経験でした。

ただし、言い訳ではなく、それはお金が目的でやったことではありませんでした。実際、紙芝居を「面白い」と言って楽しみ、甘納豆をおいしそうに食べている友達の顔を見るのは、本当に嬉しかった。母親には叱られたけれど、人に喜んでもらうことの素晴らしさを、私はその時、実感しました。「人を喜ばす」ぴあという事業を始め、続けてきた私の原点には、あの幼かった友人たちの笑顔があったのかもしれません。

発明に明け暮れた高校時代

私が小中学生の頃は、まだ映画が「娯楽の王者」の時代でした。四倉町には、3軒の映画館があり、小学校高学年から中学卒業までは、毎週のように通ったものです。掛かっていたのは、チャンバラ映画や森繁久彌の「社長シリーズ」、小林旭の「渡り鳥シリーズ」などで、封切館よりは相当遅れたタイミングで上映されていました。私の映画好きが醸成されたのは、この頃のことです。

中学を卒業した私は、福島県立磐城高校に入学しました。受験校でしたが、没頭したのは、勉強よりも発明でした。

例えば、雨の日に泥水を跳ね上げてズボンなどを汚すことのない靴底の開発。庭に水たまりを作り、弟の協力を仰いで実験を繰り返しました。

中でも時間をかけたのは、レコードプレーヤーのトラッキングエラーを解消するトーンアームの開発でした。トラッキングエラーとは、アームが針を置いたレコード盤の上を扇のように移動していく、という構造から生じる音の歪みのことです。割り箸を使った模型をいくつも作り、実験を繰り返した末、私はアームを支える支点を二つにする、というアイデアにたどり着きました。

我ながら画期的な着眼で、「これはいける」と、大真面目で特許出願を考えました。しかし、出願のためには、申請書に5万円の収入印紙を貼らなければなりません。父親に「出してほしい」と頼んだものの、「そんな金はない」とにべもなく断られてしまいました。

しかし、そのままお蔵入りさせてしまうには、惜しい発明に思えました。そこで、音響メーカーなどに、片っ端から、「トラッキングエラーを解消する技術を考えた。特許出願中だが、よかったら採用してほしい」という手紙とともに企画書を送り、利用の打診をしてみたのです。すると、数社からはすぐに返事が来て、中には「特許は他社には出さないでほしい」という会社までありました。やはり、私の考えたアイデアは、「箸にも棒にも」というものではなかったわけです。

ところが、しばらくして松下電器(現パナソニック)から詳細なデータが送られてきました。高校生である私には「割り箸の実験」しかできなかったのですが、なんと彼らは、本格的な試作機を作り、実験してくれていたのでした。結果は、「あなたの発明した方法で、確かにトラッキングエラーは解消されるが、別なエラーが発生することが判明した」というものでした。

私は、「プロはこんなにも誠実に仕事をするのか」と驚くとともに、素人の限界を思い知らされて、発明熱も急速に冷めました。

学業そっちのけで「発明ごっこ」に夢中になっていたこともあり、大学受験には見事に失敗。68年、私は予備校生として、初めて親元を離れ上京したのです。

生い立ちについて、駆け足でお話ししました。

第1章

どこにもなかった雑誌を創る

「冗談の通じ合う仲間で、共通の経済基盤を」

「これを持って書店を回りなさい」

そう話す中村義治さんの机の上には、山のように積み上げられた茶封筒が置かれていました。中村さんは、当時(1972年)日本キリスト教書販売(日キ販)という書籍取次店の専務で、後に銀座の書店・教文館の社長になった人です。

見ず知らずに近い貧乏学生のためにしたためてくれた書店向けの署名入り紹介状が、封筒の中には入っていました。それは、無知、無鉄砲な私の前に突如立ちふさがった「流通の壁」を突破する、まさに〝伝家の宝刀〟でした。

中村さんとの奇跡といっていい出会い、そして「なんだか分からないが、必死になっている若いヤツに一肌脱いでやろうか」という心意気がなかったら、間違いなく『ぴあ』はそこで終わりだった。「自分たちが欲しいものを作って、世の中に出したい」と、古アパートの一室でしゃかりきになっていた若き日の私たちの夢は、夢のまま潰えていたはずなのです。

感激に震えながら、大切な茶封筒の束を抱えてギシギシいう木造の事務所の階段を一段一段下ったあの時の情景を、ふとした拍子に思い出すことがあります。あの日、今につながるぴあの歴史が確かな一歩目を記したと言っても、過言ではないでしょう。

振り返ってみれば、ぴあの歴史は、そんな幸運な出会いに導かれた50年でした。中村さんの事務所から少しだけ時間を戻して、「出会いの物語」を始めることにしたいと思います。


福島県立磐城高校を卒業した私が中央大学法学部に入学したのは、1969年のことです。今からは想像できないのですが、時の全共闘の学生たちが東大・安田講堂を占拠するなど、新左翼系の学生運動が吹き荒れ、東大の入試が中止に追い込まれた年でした。当時、神田駿河台にあった中央大学周辺も、ご多分に漏れず騒然とした雰囲気で、明治大学、日本大学なども軒を並べるその一帯は、パリの学生運動の拠点をもじって「神田カルチェ・ラタン」と呼ばれていました。

大学キャンパスは、学生たちによるバリケード封鎖と当局によるロックアウトの応酬で、入学したものの授業は軒並み休講です。ただし、これは映画大好き人間の私にとって、とても好ましい環境でもありました。授業が休みなのをいいことに、昼間から堂々と映画を見に行くことができたからです。

お金がないので、封切り映画は我慢。安く見られる二番館、三番館、名画座で上映されるまで待って、足を運んでいました。当時主流だった洋画は、フランソワ・トリュフォーやジャン

＝リュック・ゴダールといったフランスのヌーベルバーグ（新しい波）の監督が作った作品でした。「勝手にしやがれ」、「気狂いピエロ」、「東風」……どれも田舎の映画館では見られないものばかりで、「やっぱり東京は違う」と、大いにカルチャーショックを受けたことを覚えています。

もちろん、日がな一日映画館通いをしていたわけではありません。遊ぶ金を捻出するため、というより生活費を稼ぐために、アルバイトは欠かせませんでした。いろんなことをやりましたけど、3年生の時に始めたTBSのバイトが、文字通り人生の転機になりました。

私が配属されたのは、報道局テレビニュース部C班という部署で、ニュース番組制作の補助業務が主な仕事でした。いろんな大学から、30人ぐらいの学生が来ていたかなあ。私自身は、大学で映画研究会というサークルに所属していましたが、そこに集まっていたのは、なぜか同じような音楽や芝居などをやっている学生ばかり。後から思えば、それも運命の出会いというしかありません。この時のバイト仲間こそ、後に一緒に「ぴあ」を立ち上げる中核メンバーになったのですから。

バイトには、週一で泊まりの勤務もありました。同じシフトで仲良くなった4、5人と、仕事終わりに近くの安居酒屋に行っては、なんだかんだと青臭い議論を交わすのは楽しかった。一方で、もう大学も3年生になっていましたから、「卒業してからどう生きていくのか」という話にもなりました。

『いちご白書』をもう一度」の歌詞ではありませんが、当時の大学生は、卒業して素直に社会体制に組み込まれていくことを潔しとしない反骨心を抱きながら、実際には多くが大企業などに就職していました。でも、そのバイト仲間には、「このままサラリーマンになるのは、どうにも癪だ」という気持ちが、周囲の学生たちよりも少しだけ強かったのでしょう。「ならば自分たちで仕事をつくって、社会に出てやろう」という、今でいう「起業」の方向に話がどんどん発展していったのです。「冗談の通じ合う仲間たちで共通の経済基盤をつくろう」というスローガンを今でも覚えているくらいですから、「半ば以上本気」だったのは確かです。

ただし、初めから「これをやろう」というものがあったわけではありません。自分たちの持つシーズを花開かせるとかいうのではなく、ゼロからニーズを見つけ出して商売にしよう、というパターン。最初の頃は「古本屋をやろう」「カレーショップはどうか」と、就職をやめて独立しようというわりには、控えめな話で盛り上がっていました。でも、後年、古本屋業界では業態変化を遂げた「ブックオフ」が勢力を伸ばし、カレー屋でも「カレーハウスＣｏＣｏ壱番屋」が全国展開を成功させています。語り合っていたのは、あながち将来性に乏しいアイデアではなかったのかもしれません。

自分が必要とするものを突き詰める

この手の議論は、話が具体的になればなるほど、なんとなく先が見えてしまい、結果的に悲観論が強まったりします。盛り上がったのはいいけれど、冷静に考えてみると、高度経済成長を遂げた戦後の日本では、これだけ世の中のさまざまなものが「出来上がっている」以上、自分たちが何かをやれるフィールドなど、もう残っていないのではないか。実際、そこから前に進むことができず、起業を断念する例は、今でも少なくないでしょう。私たちの間にも、だんだんそんな雰囲気が漂い始めていました。

でも、私には、諦める必要はない、という強い思いがありました。その時私が視線を凝らしていたのは、他の誰かではなくて自分たち、すなわち若者が望むものは何か、ということです。「出来上がった世界」は、あくまでも大人たちがつくり上げたもの。しかし、その表層をめくると、そこには若者にしか分からない世界が広がっているわけです。言い方を変えると、先を行く大人たちが、後を走っている若い世代のことを知り尽くしているはずがない。

余談ながら、この時の直感が間違っていなかったことは、大人になって理解できました。例えば、私には、今の若い人たちが夢中になる音楽を聴いても、正直よく分からないことがあります。「好き」とか「嫌い」とかではなく、「分からない」のです。でも、これは仕方のないことで、そうやって時代というか世代は移ろっていくのだと思います。

若者のことは、若者にしか分からない。そこに勝機があるのではないか、と突き詰めて考えているうちに、私にはぼんやりとしていた「潜在ニーズ」が、徐々にリアルなものとして実感できるようになりました。行きついたのは、「情報」です。当時、都会に出てきた若者たちは、私と同じように映画や音楽、演劇といった「エンタメ」に飢えていました。しかし、インターネットで何でも知ることができる今とは違って、見たいもの、聞きたいものにたどり着くのは、結構骨の折れることだったのです。

「お金がないので、映画は二番館や三番館で見た」という話をしました。ところが、「あの監督の、この作品が見たい」と思っても、今どの映画館でやっているのか、上映は何時からで、料金はいくらか、という肝心の情報を伝えるメディアは、ほとんどなし。せいぜい新聞夕刊の3行広告や、映画専門誌『キネマ旬報』の名画座情報くらいで、東京都内の映画館を網羅するようなものはありませんでした。

ようやく映画館を探し当てても、そこに行くまでの電車の乗り継ぎが、またひと苦労です。郷里のいわきでは、山の形を見れば、自分の居場所がだいたいつかめたのですが、東京ではそうはいきません。

でも、何度も迷子になるうち、東京は「矢印の街」であることに気づきました。駅の構内も路上でも、黙って矢印に従って歩いていけば、ちゃんと目的地に到着できるのです。逆に、田舎にはない便利さでした。

同じように、どこの劇場で何をやっていて、そこに行くためにはどう乗り継ぐのがベストか。そういうことが、一目で分かる「ガイド」のようなものがあったら、どんなに便利だろう。私の頭の中で、「映画や演劇、展覧会やコンサートなど、カルチャー系の〝見たいもの〟すべての情報を網羅した媒体」という『ぴあ』の原型が徐々に形になっていきました。

試しに、いつものバイト仲間の飲み会でこのアイデアを披露すると、彼らは「そんなのがあったら、ぜひ欲しいね」と身を乗り出してきました。中大の映画研究会のメンバーも、まったく同じ反応です。それを見て、私は自分の欲しいものが、若い世代に共通するニーズであることに確信が持てました。

大学3年当時、私は東京・新宿の牛込柳町というところに、四畳半一間のアパートを借りていました。ほどなくそこには、「共通の経済基盤」らしきものを見つけた若者たちが、夜な夜な集まるようになりました。

「ぴあ」命名の種明かし

1972年4月、私は4年生になりました。何人も集まって作業をするには、四畳半はあまりにも狭すぎるため、ちょうどTBSのバイトで出た5万円のボーナスで、6畳と2畳の二部屋があるアパートに引っ越し、当時、学生にとっては「贅沢品」だった黒電話を引きました。場所は、地下鉄丸ノ内線の中野坂上駅の近く。ドアには、「月刊ぴあ編集部」という看板を堂々と?掲げました。

よく雑誌名をなぜ「ぴあ」にしたのかと質問されるのですが、これには、語源も由来みたいなものもないのです。要するに、「意味はありません」というのが答え。誌名で表現したかったのは、ひとえに「これは今までにない新しいスタイルの媒体なんだ」ということでした。

当時は、「情報誌」という言葉さえありませんでした。常識的には「月刊プレイガイド情報」とでもするのが王道だったのでしょうけど、それでは新しさの訴求という点でイマイチ。とにかく、既存の言葉、イメージにとらわれたくないという思いから、わざと意味のない言葉を選んだ、というのが真相です。

結果的に、このネーミングは成功だったと思います。「ぴあ」という音は耳になじみ、2音で覚えやすいという利点もありました。

後年、筑波大学の教授に「矢内さん、〝ぴあ〟ってラテン語でしょ」と言われたことがありました。聞けば、ラテン語に〝ぴあ〟という全く同じ発音の言葉があり、それには「城塞のない開かれた都市」という意味があるのだそうです。「ユートピア」の語源もそこにあるらしく、確かにとても良い解釈ではありますが、私が付けたぴあは、何も意味のない単なるサウンドです。

ところで、編集部を名乗ったのはいいけれど、まだ売上は立っていません。給料が払えるようになるのは、ずっと先のことです。ですから、編集スタッフは、相変わらずアルバイトで生活費を稼ぎ、時間ができたら手伝う、というのが「勤務実態」でした。でも、同じ年代の仲間たちと、新しいものを作るために議論したり作業したりというのは、理屈抜きに楽しくて、文句を言ったりする人間は誰もいませんでした。それどころか、「面白そうだ」と入れ代わり立ち代わり、いろんな連中が顔を出すようになっていた。もちろん、手弁当は承知の上で、です。

そんな状態ですから、大家さんが過激派のアジトになっているのではないかと心配し、様子を探りに来たこともありました。

突然やってきた父から、思わぬ軍資金

徹夜明けのむくつけき男たちがごろごろ雑魚寝し、出前のラーメンの丼には、タバコの吸い殻が山盛りになっている。そんな「息子の部屋」を父親が突然訪れたのは、『ぴあ』の創刊準備も佳境を迎えていた頃でした。

ある朝、ベニヤのドアをノックする音がしたので開けると、そこに親父が立っていた。向こうも驚いていたけれど、なんの予告もなしに現れた父親に、こちらもびっくり仰天です。とにかく、部屋は足の踏み場もない状態でしたから、近くの喫茶店に連れていって、話をすることにしました。

当然、父親からは、「何をやっているんだ?」と聞かれました。隠しても仕方がないので、「雑誌を作ろうと思っている」と話すと、「就職はどうするつもりだ」と、これまた親として当然のことを口にしました。「できれば就職しないで、雑誌で食べていきたい」と言うと、ひどく怒られて。

話は平行線だったので、「ところで、親父は何しに来たのか?」と私の方の疑問をぶつけてみました。すると、用件は今でいう卒業旅行の話であることが分かりました。父の手元には、あたかも大学から送られたかのような装丁の、本当の送付元は旅行会社であろう海外旅行を勧めるDM。「こういうものが大学から届いた。学生時代、お前にはなにもしてやれなかったから、海外旅行くらいはさせてやろうかと思ったのだ」と言うのです。

そんなことまで考えていてくれたのか、と親心には感謝するしかなかったのですが、私は説明したような状況で、旅行どころではありません。「気持ちはありがたいのだけど」と、その話は丁重に断わりました。その上で、旅行のために一体いくら用意していてくれたのか聞いてみると、30万円だと言います。奇しくも、『ぴあ』の創刊号を印刷するのにかかる金額と同じでした。

しっかりやっていると信じていた息子は「就職する気はない」と言うわ、よかれと思って持ってきた旅行の話は断られるわ、父親の情けなさが痛いほど分かるシチュエーションではありましたが、『ぴあ』にかける情熱が上をいきました。印刷代の工面に頭を悩ませていた私は、「そのお金を、今度作ろうとしている雑誌に使わせてくれないか」と切り出したのです。「こんな雑誌を作りたい」という息子の話を、父親は「困ったものだ」と難しい顔をして聞いていました。しかし、最後には、「お前の好きに使っていい」と言ってくれました。

父は、1919年(大正8年)、福島の生まれ。日本が軍国主義一色に染まった時代に、青春時代を過ごした人間でした。ただ、人に負けない特技があって、小学生の頃から書道の才に恵まれていました。毎年1月に行われる書初め展で県の代表に選ばれ、作品を天皇陛下に見てもらえることになったこともあります。これを「天覧を賜る」といって、地元の小学校にとっては大事件。町中が騒ぎになったそうです。松本芳翠という日本を代表する書家にも見出され、上京して書道で身を立てていく人生が、ほぼ約束されていました。

ところが、家を継ぐはずだった兄が突然出奔するという不運に見舞われ、代わりに田舎で就職せざるを得なくなり、その夢を叶えることができませんでした。あくまでも私の想像ですが、『ぴあ』のことを懸命に話す息子の姿を見ながら、「こいつにはやりたいことをやらせてやろう」という気持ちになったのだと思うのです。

当時の大卒初任給が5万円ほどでしたから、30万円というのは、普通は学生の手にすることができない大金です。このお金が、記念すべき『ぴあ』創刊号の印刷代になりました。もし、他からの資金調達ができなかったらと考えると、私にとって本当にかけがえのないプレゼントでした。

メジャーもマイナーも、送り手も受け手も、情報は全て〝フラット〟

我々が考えた『ぴあ』のコンセプトについて触れておきましょう。創刊号の本格的な編集作業に入る前、雑誌は月1回発行、値段はワンコインで買える100円にすることを決めていました。発売間もなかった「セブンスター」1箱と同じです。

編集方針のベースに置いたのは、「いつ」「どこで」「誰が」「何を」という客観情報だけを載せる、ということでした。裏を返すと、作り手の主観は排除し、正確な情報を網羅することだけを考える。提供された情報の取捨選択は、あくまでも読者自身がすればいい、というスタンスです。

『ぴあ』では、例えば著名なアーティストに関するメジャー情報も、自主製作映画のようなマイナーな情報も、掲載される時には同じ扱いで、編集上の操作は行いませんでした。それだけでなく、情報の送り手である我々と、受け手である読者の間も〝フラット〟。ですから、時にはそれが入れ替わることもあるのです。例えば、学園祭のシーズンには、普段は情報の受け手である学生が、発信者の側に回りました。

このように、情報の送り手の「権威」を否定し、送り手と受け手それぞれの個を認め合うところが、それまでのメディアにはなかった『ぴあ』の新しさでした。情報の「双方向性」を可能にしたというインターネットの思想と相通じるものがあったというと、少し大げさでしょうか。

販売ルートがない!?

ボランティアで集う仲間たちの奮闘もあり、72年の初夏、『ぴあ』創刊号の原稿はすべて揃い、1万部を印刷所に発注しました。印刷代金は前払いが条件でしたが、父親が用立ててくれたおかげで問題なし。あとは雑誌が刷り上がってくるのを待って、売りまくるのみでした。

ところが、この段になって、私は大きな思い違いをしていたことに気づかされます。本の宅配などない時代、それを売るには書店に置いてもらうしかありません。しかし、その『ぴあ』を置いてくれる書店が見つからなかったのです。

通常、出版された書籍は取次店を経由して各地の書店に配本されます。取次は返本の回収や、売上金の集金なども行う、いわば出版物の問屋です。まず、その取次店に出向いて話をしたものの、「雑誌は定期的に出さないと雑誌ではない。君たち学生が、きちんとそれを続けられるのか」と、まったく相手にされませんでした。

まあ、そこまでは、「そんなに甘くはないよね」と想定内のところもあったわけですが、ならば、とサンプルを手に回った書店でも、ことごとく断られてしまったのには、参りました。「限られたスペースに、売れるかどうか分からない雑誌など置くことはできない」と、こちらもにべもなかった。当時は「ミニコミブーム」で、取次を通さない本が、結構書店に並んでいました。「だから『ぴあ』も何とかなるだろう」という私の読みが、大甘だったわけです。

現物ができても、売る場所がなくてはどうにもなりません。途方に暮れるとは、このこと。意気揚々と大海に漕ぎ出すつもりが、港を出る前に大ピンチに陥ってしまいました。

そんな時、偶然目にしたのが、『日本読書新聞』に載った当時紀伊國屋書店社長だった田辺茂一さんの記事でした。田辺さんは、都内の有名書店が加盟する悠々会の会長で、大島渚監督が「新宿泥棒日記」という映画を作った際、横尾忠則や唐十郎といった人たちと一緒に、本人役で出演するほどの有名人、文人でもありました。

記事の中で田辺さんは、「書店のマージンをさらに引き上げなければ、日本の出版文化は滅んでしまう」という趣旨のことを語っていました。その一文を読んで、私は「これだ」と直感したのです。取次店では扱ってもらえないことが分かっていたので、『ぴあ』は本屋に直接配本する。そして、本来取次店に支払うマージンも書店に渡して構わない。そういうことにすれば、書店のマージンが引き上がる、つまり田辺さんの主張と合致するではないか、という後から思えば短絡的この上ない発想でした。

窮地を救ってくれた恩人二人

私は、すぐに新聞に書かれていた悠々会に電話したのですが、ここでもいくつか偶然が重なって、意外にすんなりと田辺さん本人と会うことができました。「来なさい」と言われた悠々会の編集部が田辺さんの自宅だったのには、ちょっとびっくりしましたが。

ところが、挨拶もそこそこに、さきほどの取次と書店に関する自説を展開すると、本題の『ぴあ』の話をする前に、田辺さんは特徴のあるダミ声で、「そういう難しい話は、俺じゃダメだ」と話を遮るのです。会ってくれるのだから脈はあるのかと期待して出向いたのに、体よく断られてしまったか。ところが、田辺さんは、やおら誰かに電話をかけ、「そっちに活きのいい若いのが行くから、よろしくな」と話しています。受話器を置くと、「私の仲間で話の分かるヤツがいるから、日キ販というところに行ってみてくれ」と言いました。その電話の相手が、冒頭で話した中村さんでした。

日キ販の事務所は、飯田橋にありました。そこに出向くと、中村さんはいきなり、「学生の君が我々業界のことを心配してくれるのはありがたい。でもこれは我々の問題だから、心配しないでほしい」と言います。田辺さんの紹介とはいえ、やはり〝敬遠モード〟に感じられました。もし、その後で「ところで、君はいったい何を考えているのか？」と水を向けられなければ、私はそのまま、とぼとぼ帰っていたでしょう。

ただ、これ幸いと、「実は、こういう雑誌を出そうと思い、取次に行ったが断られ、書店を回ってもダメで、困っているのです」という話をして、『ぴあ』のサンプルを見せた時の中村さんの反応も、最初は素っ気ないものでした。言下に、「それはやめた方がいい」と言うわけです。「君ら学生は、雑誌はみな売れるものだと思っているかもしれないが、そんなに甘いものではない。知らないうちになくなるものもたくさんあるのだ」と。

それでも私は、今となっては何を話したか覚えてはいないのですが、『ぴあ』はこういう雑誌だ、こういう意図だ、ということを必死に訴え、中村さんは、それを黙って聞いてくれました。そして、「どこの本屋に置きたいと思うのか、書店のリストを作って、明日ここに持って来なさい」と言ってくれたのです。

急いで編集部に戻って、仲間と記憶をたどりながら、「渋谷なら大盛堂」「神田なら三省堂だ」という具合に、120〜130件の大型書店をリストアップしました。それを中村さんのところに持って行くと、また「明日の何時に、ここに来なさい」と。翌日、約束の時間に行くと、目に飛び込んできたのが、茶封筒の山だったわけです。

中の紹介状には、「矢内廣君を紹介します。取次店に断られたので、書店に直接置いてほしいということで、よろしく取り計らいをお願いしたい」という内容が書かれていました。文章自体は湿式のコピーでしたが、最後に直筆で中村義治とサインがされ、実印が押されていた。封筒には、「○○書店　○○社長殿」と、私達には知り得ない宛名まで入っていました。それを100通以上も、1日で用意してくれたのでした。

書店のリストアップを命じられましたから、何か知恵を授けてくれるのだろう、くらいの期待はありましたが、まさかここまで手を尽くしてくれるとは。私は心底驚き、目頭が熱くなりました。気が動転し、きちんとお礼を言えたのかどうかも覚えていないほど。

中村さんの紹介状の効果は、てきめんでした。それを手に、刷り上がったばかりの『ぴあ』を持って書店回りをすると、前回はけんもほろろだったにもかかわらず、「中村さんからの紹介なら仕方がないなあ。そこに置いていっていいから」と、ほとんどの店がOKを出してくれたのです。創刊号を置いてくれた書店は、最終的に89店に上りました。

ある時、業界の重鎮に、「業界広しといえども、あの当時、そんな無理を通せたのは、田辺さんと中村さんの二人しかいなかった。ピンポイントでそこにたどり着けたのは、幸運な奇跡だよ」と言われたことがあります。

中村さんは、当時40代後半くらい。悠々会では幹事長の肩書で、表の顔は田辺さん、裏方は中村さんが取り仕切る、という形でした。日書連（日本書店組合連合会、現・日本書店商業組合連合会）でも副会長を務めていました。要するに業界の下働きの仕事を労を惜しまずにやっていて、さらに人柄も誠実。それを書店側が知っていたからこそ、「中村さんの頼みなら……」となったことは、後で知りました。そして、田辺さんがいなければ、中村さんとの縁もなかった。重鎮の言葉には、まったくその通り、というしかありません。

応援してくれた書店に感謝

少し話は飛びます。『ぴあ』は後に取次店を通して配本されるようになるのですが、その直前に、創刊号を置いてくれた89店舗の書店を招待して謝恩会を開きました。そういうことをしたい、と中村さんに相談すると、大変喜んでくれました。「だったら、田辺さんに呼びかけ人になってもらえばいい」ということで、依頼に行くと、田辺さんも「それはいいことだ」と大賛成。そして、「俺に任せろ。書店に感謝の会をやるという奇特な出版社は、今どきない」と張り切って、その場で100畳ほどの座敷がある万安楼という会場を押さえ、芸者さんの手配までしてくれたのです。そんなこんなで開かれた「第1回ぴあの会」には、参加した書店の人もみな喜んでくれました。

謝恩会を開いたのは、『ぴあ』の部数を伸ばしてもらったということとともに、メンバーみんなが書店に育ててもらった、という感謝の気持ちが強くあったからにほかなりません。商売の仕方を知らない学生が、書店に飛び込み営業をしてダメ出しをくらい、けれどもそうした経験は、すべてが実になったわけです。

最初は渋々『ぴあ』を置いてくれた89の書店のみなさんは、途中から我々の応援団になってくれました。私にも、こんな経験があります。夏の暑い日、店に汗だくで『ぴあ』を持っていき、伝票のやり取りをして、次の書店に回ろうと出て行こうとしたら、女将さんが「ちょっと待ってて」と。「急いでいるのにな」と思って待っていると、奥から小走りでカラカラと音をさせ、氷を入れたカルピスを持ってきて、「これを一杯飲んでから行きなさい」と差し出してくれました。「30円のマージンはいらない。このくらいのお金、うちでもらって仕方がないから、持っていきなさい」と言ってくれる親父さんもいました。

3年ほどして、再び「ぴあの会」をやったのですが、当時、田辺さんは末期がんを患い、国立がんセンターに入院していました。弟さんの「兄貴に話すと無理を押して出たいと言うに違いない」という心情も汲み、中村さんと相談して、田辺さんなしでやろうということになりました。ところが、当日会場で準備をしていると、その田辺さんがひょっこり現れたのです。闘病のせいか、驚くほど痩せた姿でした。

そして、「こんな状態で人前に顔は出せないが、元気に田辺の親父がやってきたと皆に伝えてくれ」と言いながら、私に色紙を手渡しました。それには、為書きが「矢内廣君」とあり、「心情備礼征空」という文字が並んでいました。「心情礼を備えて、空を征(ゆ)く」。私などにはもったいない、という気持ちでいっぱいになりました。

その翌々日、私は田辺さんの病室を訪ねました。御礼とともに盛況だった会の模様や、みんなに色紙を披露したことなどを伝えると、田辺さんは、ベッドの枕元に積んでいた自著「わが町・新宿」の文庫本をくれました。ずっと新宿で生きてきた文化人のエッセイ集です。

ただ、枕元に置いてあった筆を持ち、サインをしようと何度試みても、まったく手が動かなかった。「ダメだ、今日は調子が悪い。今度来たら書いてやるから」と言い、その日はサインのない文庫本を持って帰りました。そして、それが田辺さんとの最後でした。

中村さんには、ぴあが株式会社になった後、非常勤取締役、最後は顧問に就いてもらうなど、その後も長く公私にわたって支えていただきました。その中村さんも、2002年に病に倒れ、2年後に他界されました。

秘書の方に頼まれて遺品整理の手伝いに行くと、手帳の山がありました。中村さんはとても几帳面な人で、その日の出来事を細かな字で日記風に書きつけていたのです。そこに、私と出会った日の記述を見つけました。「雑誌を出したいという若者がやってきたので、助けてやることにした」。続けて「話を聞いていて、かわいそうになったから」というような「動機」も綴られていました。

田辺さんの色紙も、篠山紀信さんに撮ってもらった中村さんの古希を記念しての私とのツーショット写真も、今も社長室に掲げています。いつも中村さんが見ていてくれる。私にとって、こんなに心強いことはありません。

雑誌の力が取次を動かす

ところで、ようやく販路のネックを解消し、1972年7月10日に発売された『ぴあ』の創刊号は、どうなったのか？　実は、印刷1万部に対し、2000部しか売れなかったのです。

当初6、7割は売れると踏んでいたので、がっかりしたというのが本音。でも、がっかりはしたけれど、それでやめるような気持ちは、私にはまったくありませんでした。

創刊号の売れ行きを見て、2号は印刷部数を5000に落とし、結果的には1400部。しかし、大体の雑誌は、「創刊」というだけで買ってくれる人がいる1号目より、2号目の方が売上は落ちます。この世界には「3号雑誌」という言葉があって、大事なのは3号目なのです。3号目で創刊号の部数を超えて盛り返せるのならば、その本には商品力がある。逆に創刊号に届かなければ、撤退準備の〝赤信号〟というわけです。『ぴあ』は3号目には2100部を売り上げ、見事〝青信号〟が点りました。

直販ですから、部数を伸ばすためには、扱ってくれる書店を自分たちで開拓するしかありません。大型書店を見つけたらすぐに飛び込み、『ぴあ』を売り込みました。西武新宿線、京王線、小田急線などの私鉄各線に、みんなで手分けして『ぴあ』を詰め込んだリュックサックを背負って乗り込み、駅で降りたら駅員さんに書店の場所を聞いて営業する。初めは、話をした10店舗のうち、1店舗置いてくれればいい方。「打率1割」です。それでもめげずに、そんなことを毎日繰り返していました。

そのうちに、『ぴあ』を置いてくれる店舗が、いろんな地域にポツポツ広がり、やはり自前だった配本ルートもどんどん増えていきました。すると、車で配本に回る途中に、新たな本屋に遭遇する確率も高まりました。そんな時には、必ず車を停めて営業です。

こんなこともありました。TBSのアルバイト時代に知り合った人の中に、「パック・イン・ミュージック」というラジオ番組で、DJをしていた林美雄さんがいました。その林さんに、「今度『ぴあ』という雑誌を出す」という話をすると、「創刊号が出たら必ず持ってきてね」と言われたので、届けに行きました。すると、ありがたいことに林さんは、『ぴあ』を自分の放送で紹介し、宣伝してくれたのです。そして、ハガキ応募者のうち、抽選で100名に『ぴあ』をプレゼント、という企画までしてくれた。

後日、応募ハガキがたくさん届いたというので、受け取りに行きました。林さんには、「ちゃんと『ぴあ』送ってあげてね」などと言われたのですが、実際にものすごい量が届いていた応募ハガキを見て、気づいたことがありました。ハガキのほとんどが「ピア希望」と、カタカナ書きになっていたのです。ラジオの音声の「ぴあ」は、カタカナに聞こえるのでしょう。つまり、「ピア」と応募してきたのは、ラジオ番組で初めてその存在を知った人たち。

一方で、ひらがなで「ぴあ」と書いている人も、少数ながらいました。これは、恐らく創刊号を買ったとか、書店で見たとか、そういう人たちなのだろう、というのが私の推理でした。

その放送があったのは、『ぴあ』を創刊してからひと月くらい経った頃だったのですが、試しにハガキのひらがなとカタカナの比率を出してみました。ひらがなは「あの雑誌が欲しい」

という固い支持層、一方のカタカナは「なんとなく面白そう」という潜在的な顧客と仮定した、非常にシンプルなマーケティングです。そうやって、ひらがな比率を創刊号の実売２０００部に当てはめ、カタカナの潜在顧客数を割り出してみると、答えは約８万部。

そのデータを基に、「『ぴあ』は８万部売れる」と編集部の仲間たちに話すと、案の定「何言ってるんだ」という反応でした。２０００部しか売れていないのですから当然ともいえますが、その数字は、単なる大言壮語のつもりではありませんでした。実際、創刊から４年後、『ぴあ』の販売部数は、見事に８万部を超えました。見立てが当たり、それは嬉しかった。

苦難の連続だった『ぴあ』ですが、「若い世代は、この雑誌を求めているはずだ」という目論見は、外れてはいませんでした。大学卒業１年目の１９７４年12月には、「この道で生きていく」という決意も込めて、ぴあを法人（株式会社）登記。そのうち、店舗開拓の「打率」も２割、３割と上昇し、創刊から３～４年目になると、書店の方から「うちにも置いて欲しい」という電話がかかってくるようになりました。

結果的に、89店舗だった『ぴあ』の直販店舗は、１６００まで拡大。増えたのはいいけれど、今度は、毎月首都圏エリアの１６００店舗に配本するのに苦労しました。１日では回り切れず、配るだけで３、４日かかっていた。さりとて、編集部の金欠は相変わらずで、配本を業者に頼む余裕などありません。その時点で、販売部数は10万部を超えていました。直販で10万部の定期刊行物は、恐らくなかったと思います。

取次店から、「うちを通して販売しませんか」と声がかかったのは、そんなタイミングでした。実は1600店舗といっても、当時、都内だけでも3000あった書店の半分程度に過ぎません。『ぴあ』が売れるのを見て、取次に対して、「どうしてうちには配本しないのか」「なぜ扱っていないのか」とクレームをつける書店が続出した結果でした。

1976年10月、『ぴあ』の出版取次会社取引がスタート。取扱店舗数は、1600から一挙に5000まで増えました。

隔週刊化され、『ぴあ』は黄金期へ

このように販売ルートを広げた『ぴあ』でしたが、それでもカバーできないものがありました。読者が必要とする「情報」の量とスピードです。そこで、1979年9月から発刊サイクルを隔週に改めることにしました。それと合わせて、国鉄時代の鉄道弘済会を通じて駅のキヨスクに置いてもらい、同様に「即売会」も通すことにしました。

鉄道弘済会の鬼久保邦夫さんという仕入れ課長だった人も、忘れ難い存在です。取次を通してから2年後くらいだったでしょうか。『ぴあ』の成長に伴い、編集部は中野坂上のアパートから何度か引っ越して、当時は渋谷区猿楽町の羊屋ビルというところに居を構えていたのですが、そこに突然、私を訪ねてきたのです。強い雨が降っている日で、全身びしょ濡れでした。

用件は、「『ぴあ』を売らせてもらいたい」というものでした。基本的に月刊誌は扱わないキヨスクに置くというのは、まさに破格の待遇。でも、後日彼が言うには、私は「すげなく」お引き取り願ったそうです。取引をお断りしたのには、「弘済会を通すと、うちを育ててくれた書店の売上が減るから」というちゃんとした理由がありました。

とはいえ、『ぴあ』を一人でも多くの人に届けたい、という気持ちを押さえていたのでは、もちろんありません。そんな私の肩を押したのが、中村義治さんの紹介で出会った文藝春秋の小松正衛さんという当時の取締役出版営業部長でした。

小松さんは、「出版は、書店営業は増やしてはダメだ。営業は書店に任せればいい。増やすなら広告営業だ」などということをはっきり言う、とても面白い人でした。取次店や鉄道弘済会、即売会のトップとネットワークを持っていて、ある時、「即売会を通さないのか」と聞かれたので、「書店に育てられましたから、今は考えていません」と答えたのです。すると、「なかなか義理堅くていい話だが、会社の発展のこともきちんと考えるべきだ」と諭すように言いました。

その言葉を実行に移したのが、隔週化のタイミングだったというわけです。即売会などを通すことは書店にとってはマイナスですが、月刊から隔週刊化による増収分がありますから、差し引いても1・5倍くらいの売上増にはなるはずだ、という読みも私にはありました。

創刊号を置いてくれた89店舗に対しては、「みなさんに育ててもらった『ぴあ』ですが、隔週刊になることを機に、より多くの人に読んでいただくため、即売会、鉄道弘済会も通したいと思っています。何卒ご理解をお願いします」という内容の手紙を持ち、1店舗ずつ回りました。書店は「律儀だな」という感想とともに、「『ぴあ』の発展のためにも、いいことだ。先鞭をつけた我々にとっても嬉しい」とエールをくれました。合理性だけはないところで、話が進んでいくということが、色濃く残っていた時代だったのだろうと思います。

隔週刊になって以降、『ぴあ』はさらに部数を伸ばし、広告の出稿も増えていきました。件の鬼久保さんに、「矢内さんには、雨の中会いに行ったにもかかわらず、あんなにそっけなく断られるなんて。『なんとかキヨスクに置いてほしい』と何社も待っている中、『うちはいいです』なんていうことを言った出版社は、前代未聞だよ」と、機会あるごとに〝嫌味〟を言われたのには、参りましたが。

第2章

「ぴあフィルムフェスティバル」から映画の新しい才能を

誌面の情報をイベント化

奮闘のかいあって、『ぴあ』の直販網が右肩上がりの成長を見せ、雑誌としての認知度が若者たちの間で高まり始めた頃、面白い現象が起きました。映画の自主上映会などの情報を、編集部に直接届けに来るケースが目立つようになったのです。『ぴあ』なら「マイナー」な情報も分け隔てなく扱ってもらえる、という認識が広がった証でした。

そういう人たちの姿を見ているうちに、情報発信から一歩進んで、多くの人に作品を見て欲しいと願う自主製作や、自主上映の活動を直接応援したい、大げさに言えばそれも我々ぴあの使命なのではないか、と感じるようになりました。

そこで我々は、1976年2月、「ぴあシネマブティック（PCB）」という映画の上映イベントをスタートさせました。紹介するのは、ロードショーで上映されているようなものではなく、若く新しい監督たち、例えば原一男、藤沢勇夫、大森一樹、伴睦人、井筒和幸といった監督の作品です。『ぴあ』の巻末に広告ページを作り、神田駿河台の日仏会館などで、2ヵ月に1回くらいのペースで上映会をやりました。この試みは、自主映画作家などから大いに好評を得ることになります。

直販から取次を通すことになり、何日も不眠不休で10万部の雑誌を配本するという喧騒から解放された頃、私にはようやく「ぴあのこれから」を考える余裕ができました。そこで考えたのが、このPCBで手応えをつかんだ、イベントの展開でした。

映画は、自主製作作品を上映する。音楽は、テープに録音したものを送ってもらい審査して、アマチュアバンドのコンサートを開く。演劇もやる。ひとことで言えば、『ぴあ』の誌面に載っている情報をそのままイベントにするのです。

読者と〝フラット〟な関係の『ぴあ』を作り続けたことで、私たちは読者との「距離感のなさ」を実感することができました。企画を持ち込んでくる人しかり、刷り上がった雑誌を届けた書店で、すぐにそれを手に取ってくれる人しかり。中には、店頭で「先月号のあそこは、間違っていましたよ」などと声をかけてくる人もいました。「情報のイベント化」という発想にたどり着いたのは、この読者との強いつながりがあったからこそ、でした。

34時間ぶっ通しの「ぴあ展」

その思いを形にしたのは、1977年の暮れでした。東映の大泉撮影所を借り切って、「第1回ぴあ展」という34時間ぶっ通しの映画、音楽、演劇のイベントを敢行したのです。

雑誌『ぴあ』を始めた時と同様、イベントなどまったくの未経験。にもかかわらず、いきなりそんな大掛かりなことをやろうというのは、「若さゆえ」というしかありません。とにかく分からないことだらけですが、課題の一つは集客でした。やるからには、一人でも多くの人に来てもらいたい。収支の問題もあります。とはいえ、大々的に広告を打つような経済的な余裕はありませんでした。

そこで考えたのが、書店の「活用」でした。当時は、『ぴあ』を創刊して5年目。どんどん部数が伸びていたこともあり、我々を応援してくれる書店が、すでにたくさんありました。ならば、厚意に甘えてみよう、と。

まず、大胆不敵にもプログラムを有料にしました。それを書店の店頭に並べてもらって、同時にポスターも貼らせてもらう。チケットも売る。そういう非常に都合のいいことを考えたわけですが、書店の方たちも結構面白がって、快く協力してくださいました。

そうやって開催された「ぴあ展」ですが、中身には凝りました。映画部門では、全体をイメージさせるキャッチフレーズとして、「20代で出発(たび)だった作家たち」というタイトルをつけました。国内外を問わず、有名映画監督の多くは、20代で処女作を撮っていました。クロード・ルルーシュ、フランソワ・トリュフォー、ロマン・ポランスキー、ジャン＝リュック・ゴダール、スティーヴン・スピルバーグ、チャールズ・チャップリン、オーソン・ウェルズ、小津安二郎、衣笠貞之助、寺山修司、大島渚、吉田喜重、大林宣彦、大森一樹、マキノ雅弘……みなデビュー作を制作したのは、20代なのです。

当時の日本の映画界は、昭和30年代の全盛期を過ぎ、斜陽化の道をたどっていましたが、それでも映画を作ってみたいという意欲を持った若者は、数多くいた。そういう人たちに向かって、「みなさんの中から、新しい映画監督が生まれてほしい」というエールを込めた企画でした。

具体的な企画では、このような有名監督が20代に撮影した作品を上映する一方、「自主製作映画展」というプログラムを設けました。上映作品に応募してきた77本の映画を審査して、うち12本を上映したのです。この企画が、実質的な「第1回ぴあフィルムフェスティバル」で、今に続くイベントになっていきます。

音楽部門では、楽曲をテープで応募してもらい、審査を行って出演者を決めました。テープは、何百本集まったか。この時のエネルギーが、後の「イカ天」ブームを起こすわけです。

ところで、音楽の審査を担当したのは、当時ぴあの取締役だった齋藤廣一でした。彼に関しては、こんなエピソードがあります。途中から、有名な歌手も呼んで一般公募の出演者と混ぜようという話になり、頭に浮かんだのが、絶大な人気を誇っていたキャンディーズ。早速ワタナベプロに行き、当時キャンディーズのマネージャーだった現ハンズオン・エンタテインメント社長の菊地哲榮さんに出演交渉します。

ここからの話は、後日菊地さんからうかがったのですが、出演のギャラを聞いた菊地さんに対して、齋藤は大真面目で、「一人当たりお車代1万円でお願いします」と言ったのだそう。本気なのかとまじまじと顔を見ると、どうやら冗談を言っているようには見えない。そこで、「どんなイベントなのですか?」と聞くと、齋藤は「ぴあ展」の意義を滔々と語り始めます。菊地さんは、発想は面白いと思ったものの、「君は、本気でキャンディーズをギャラ1万円で呼ぼうとしているの?」とあらためて確認したところ、「出演料は、一律にしていますから」という答え。「それでは難しい」と断った後も、齋藤はまたいろいろと「ぴあ展」についてしゃべったそうです。「いいことを言ってはいるが、ぴあの人は本当におかしい」というのが、菊地さんの当社に対する第一印象でした。

ただし、イベントそのものには関心を持ってくれたようで、当日、なんとキャンディーズの一人、ミキちゃん(藤村美樹さん)を連れて、客として来場してくれたのでした。齋藤の「ぴあ展」についてのレクチャーそのものは、興味を引くものだったわけです。その後お付き合いすることになる菊地さんとぴあとの出会いは、それが最初でした。

一方、演劇についても、若くて新しい劇団を募集し、撮影所のガレージを劇場に見立てて上演してもらいました。東京ヴォードヴィルショー、ミスタースリムカンパニー、東京キッドブラザーズなど、後年ブレイクする劇団が、結構舞台に立ちました。

付け加えると、このイベントには、「ビデオアート展」というものもありました。「ビデオアートという新しい分野の芸術があるので、ぜひ『ぴあ展』でやって欲しい」という、編集アルバイトで来ていた女子学生のひと言がきっかけでした。当時まだ珍しかったビデオカメラでいろいろな作品を撮り、ディスプレイに映して新しいアートを作る、というものでした。

「日本ではまだ知られていませんが、ヨーロッパを中心にブームになりつつあります」と力説するので、私は、「よし、やろう。ディレクターは君ね」と。「え、私ですか?」と驚いていましたが、作品集めなどを彼女に任せ、上映用の機材は『ぴあ』の広告でいい関係を築いていた日本ビクターにお願いして、実現させました。

ちなみに、当時東大の学生だったその女性は、法貴和子といい、大平正芳元首相の姪に当たる人でした。後にロンドンでロックバンド「フランク・チキンズ」を結成して、活躍します。

灰皿を投げた大島渚。話をまとめた寺山修司

結局、「第1回ぴあ展」には、延べ1万3000人もの人々が来場し、会場に入りきれずに混乱するような一幕もあったほど。「出版社」のぴあがこれだけのイベントをやり切ったこと

は、エンタメ業界に少なからず衝撃を与え、メディアでも取り上げられたのですが、正直、荷が重すぎることも分かりました。

そこで、多ジャンルを同時開催する「ぴあ展」は、第1回のみとし、中の1部門だった「自主製作映画展」を発展させたイベントを毎年継続させることにしました。79年には「オフ・シアター・フィルム・フェスティバル」と改名、そして81年からは「ぴあフィルムフェスティバル（ＰＦＦ）」がスタートします。ＰＦＦは、その定義を「映画における新しい才能の発見と育成」と、初めから明確に定めました。

さきほどもちょっと言いましたが、当時日本の映画産業は下り坂。以前は映画会社が作り手を採用して監督を養成することもできたのですが、もはやそれは不可能になっていました。これから映画を撮りたいと思っている若者たちは多くいるのに、「無名の新人」である彼らは、どうしたら監督になれるのか、前途が見えなくなってしまったのです。

一方で、当時はまだ映画の評論誌が４つほどあり、それらが主催する日本映画の将来についてのシンポジウムなどが、盛んに開かれていました。でも、そこに参加しても、「これでは映画産業が廃れてしまう」「どうやって日本の映画文化を繋いでいくのか」といった議論ばかり。これでは世の中は変わらないな、というのが私の率直な感想でした。

ＰＣＢやＰＦＦを始めたのには、少しでも変えるために、自分たちなりの答えを出していきたい、という思いがありました。ぴあならば、読者を集め、作った作品を多くの人に見てもらえる「場」を作ることができます。それは作り手の励みにもなり、そこで才能が見出されれば、プロとして制作に携わる道が開けていくはず。それが、私が漠然ながら描いた青写真でした。

ＰＦＦの「審査員」は、最初は観に来た観客でした。しかし、映画の評論家などから、「才能をきちんと見極めるためにも、人気投票ではなく、プロによる審査を行った方がいいのではないか」と指摘され、途中からそうすることにしました。大島渚監督に始まり、寺山修司、松田政男、田村孟などなど、当時その世界で第一線級の活躍をしていた人たちが、審査を引き受けてくれました。

初めての審査員会を開いた時、「ところで、矢内社長はどこまで覚悟があるのか？」と聞かれたことを思い出します。「どういうことですか？」と聞き直すと、「例えば、映倫をパスしなかったり、政治的に過激だったりする作品が選ばれた場合に、その映画をちゃんと上映する覚悟があるのか？」と。

私は、「やります」とその場で答えました。「みなさんに審査員をお願いした以上、選ばれた作品は必ず上映します。何かあったら私が責任を取ります」。それは、偽らざる私の気持ちでした。幸いにもというか、そういう作品が選ばれることはなかったのですが。

とはいえ、審査員会は毎回、「非常に大変」のひと言でした。だいたい夜に始まり、みんな一杯飲みながら議論するわけですが、話は簡単にはまとまりません。酔っぱらって気持ちが高揚した大島監督が、政治評論家で映画評論家だった松田政男さんに向かって、「お前、さっき言ってたことと違うじゃねえか」と、アルマイトの灰皿を投げつけたりしたこともありました。

そういうまとまらない話を、いつも上手にまとめたのが、寺山修司さんです。みんなが侃々諤々議論しているのを黙って聞いていて、全体が話し終わったくらいに、ポツリポツリと青森弁で話し始めるのです。その言葉は的を射ていて、あれだけ騒いでいたみんなが、嘘のように納得させられてしまう。

ぴあのメンバーは、審査員会の録音テープを毎回文字起こししていました。ほとんどの人の発言は、そのまま文字にしても意味を汲み取るのに苦労したりするのに、寺山さんだけは、発言通りでちゃんとした文章になるのでした。

「才能の発見と育成」を実践した

PFFに応募してくる作品は、最初は100本くらい。数はどんどん増え、今は500～600本が集まります。

PFFの目的を「映画の新しい才能の発見と育成」と定義したことはすでに述べましたが、

そのうちの「才能の発見」の役割を果たすのが、当初から行われた「PFFアワード」です。応募されてきた作品を20本ぐらいまで絞り込んで上映し、それらの作品にいろいろな賞を授けるわけです。

さらに「育成」を目指す「スカラシップ」制度がつくられたのは、84年でした。「アワード」の受賞者の中からさらに一人を選んで、次の作品の製作費として、上限3000万円の奨学金を出します。この制度で制作された映画は、すでに26本を超え、国内外の有力映画祭のヤングシネマ部門でグランプリを受賞しています。

後でお話しする「大島渚賞」も、その延長線上に位置づけられたものと言っていいでしょう。そうやってプロになった監督たちの中から、かつて大島監督がそうであったように、高い志を持って世界へ打って出ようとするような若い作家の背中を押してあげよう、という趣旨の下に創設された映画賞です。

このPFFを登竜門に、プロの映画監督になった人たちというのは、もう170人を超えました。森田芳光から始まって、石井聰亙(そうご)とか、長崎俊一、犬童一心、手塚眞、黒沢清、松岡錠司、風間志織、園子温、橋口亮輔、塚本晋也、矢口史靖(しのぶ)、古厩(ふるまや)智之、熊切和嘉、李相日、荻上直子、内田けんじ、熊切出、石井裕也。きりがないので、このくらいにしておきましょう。

ところで、ぴあ株式会社の1部門としてやってきたＰＦＦは、２０１７年、一般社団法人化しました。そうしたのは、「人材の発見、育成」という定義に照らして将来を考えた場合、一民間企業が主催するのではなく、ＰＦＦそのものがもっと社会的存在に脱皮する必要があるのではないか、と考えたからです。より多くの世の中の人たちから協賛金を集めたり、必要に応じて公の助成金をもらったりして、幅広く支えられる存在として活動していく道を選ぶべきだ、と。

社団法人化に当たって、ぴあからは10億円の資金を出しました。内実を言えば、取締会では「そんな金額を支出する必要があるのか」という議論もありました。しかし、ぴあが運営に困って放り出したのではないか、というような思われ方をしたら、ＰＦＦは存続自体が危うくなってしまうでしょう。そうではなくて、説明したような社会的存在に発展するための選択であることを身をもって示す必要がある、という話をして、了解を得ました。

おかげさまで、世界最大の自主映画コンペとなった「ＰＦＦアワード」をメインとする一般社団法人ＰＦＦの活動は、すこぶる順調です。あえて言えば、ＰＦＦに協賛したからといって、何か目に見える見返りがあるわけではなく、せいぜいポスターやパンフレットに名前が出るくらい。にもかかわらず、降って湧いたようなコロナ禍の中でも、きちんと協賛金を集めて、毎年「アワード」を開催しています。ＰＦＦの「社会性」は証明された、と私は思っています。

『ぴあ』の読者がキューブリックを動かした

1970年代半ばから80年代にかけて、我々が手掛けたイベントにはPCB、PFFの他にもう一つ、「ぴあテン&もあテンフェア」がありました。ここで触れておきましょう。

簡単にいうと、「ぴあテン」というのは、『ぴあ』読者による映画、演劇、音楽コンサートの人気投票で、「もあテン」の方は1年で区切るのではなく、「これまで、観たり聴いたりした作品の中でベストは何か」という投票でした。この「もあテン」が、単なる人気投票に終わらなかった「事件」がありました。

始まったばかりの「もあテン」映画部門の投票で圧倒的な人気を博したのが、68年に公開されたスタンリー・キューブリックの「2001年宇宙の旅」。この作品は、75年～81年の7年間で、なんと6回も1位に選ばれました。ところが、そんなに人気がありながらも、当時、日本では上映することができませんでした。配給会社MGM(メトロ・ゴールドウィン・メイヤー)の日本での興行権が切れていたからです。

私たち『ぴあ』の編集の人間はそれを分かっていて、「どんなに投票してくれても、観られないんだけどなあ」と思っていたのですが、何年にも渡ってベスト1に君臨する。いってみれば、観客からの「観たい、観たい」のラブコールです。それがどれほど効いたのか、確証はないのですが、当時はぴあがキューブリックとMGMを動かした、とも言われました。ついに、多くの人が待ち望んでいた「宇宙の旅」のリバイバル公開が実現したのです。

75年からスタートした投票は、78年から「ぴあテン&もあテンフェア」としてイベント化されました。これも、今からは想像できないようなプログラムが目白押しでした。

例えば、81年5月3日〜5日に日本青年館ホールで行われた「フェア81」。初日の舞台に立ったのは、サザンオールスターズの桑田佳祐で、前年12月8日に射殺されたジョン・レノンを偲び、〝勝手に死んじまって!!〟のタイトルで、ビートルズのカバーを熱唱しました。4日は、恐怖の予告編大会と称して、映画の予告編ばかり100本+ベスト1映画上映。そして6日には、劇団四季の人気作品オムニバス舞台の公演が組まれていました。

舞台に立つのは、「ぴあテン」「もあテン」で選出されたアーティストたちです。信じられないような豪華なプログラムが組めたのは、「みんな、選んでくれてありがとう」という、『ぴあ』読者に対する彼らの感謝の気持ちがあったからにほかなりません。

ロスでアメリカの映画事情を知る

ＰＦＦに話を戻すと、このイベントを通じて、私は自分の視野を海外に広げるいくつかの経験をしました。

その一つが「ＦＩＬＭＥＸ」に出掛けたことです。これは、アメリカの映画好きの若い人間たちが、ロサンゼルスで始めた映画祭でした。恐らくＰＦＦと同じ頃にスタートしているのですが、私は『キネマ旬報』でそれを読んで、「アメリカもこんなことをやっている若いヤツらがいるんだ」と、勝手に親しみを覚え、いっぺん見てみようと訪ねてみたのです。

ロサンゼルスにはハリウッドもあり、まさに映画の街。予備知識はありましたが、そのスケールには驚かされました。大きな映画館がいくつも入っているビルもあって、そこを会場にしてその「ＦＩＬＭＥＸ」は開かれていました。しかも、若い人間たちが始めた映画祭に、ロサンゼルス市が金を出し、ハリウッドの映画業界もこぞって支援し、映画館も会場を提供していた。アメリカというのは、どこかの若者が言い出したアイデアであっても、いいことだと分かったら、周囲がこぞって応援してくれる国なんだな、とちょっと羨ましく感じたことを覚えています。

実際にそこで何が上映されるのかは知らずに行ったのですが、その日の夜、オールナイトでやるのは、ＵＳＣ(南カリフォルニア大学)映画学科卒業生の「卒業作品ベスト24」というプログラムでした。興味津々で観ていたら、なんとジョージ・ルーカスの卒業作品が出てきた。

「THX 1138」というSF映画です。

その映画自体は結構評判になって、これも「キネ旬」で読んで私も知っていたのですが、まさかそれを「学生の映画祭」で観られるとは。そもそも、お金のないはずの学生がSF映画を撮れること自体が、日本にいる私には驚きだったのですが、作品からは、やはりルーカスの才能が十分伝わってきました。

24本は、戦後間もない時期からのベストフィルムでしたから、理屈抜きに「いいもの」ばかり。当時は、日本の学生の撮った映画をいっぱい観ていたので、どうしてもそれと比較してしまいます。なぜアメリカの若者にはこんな映画が撮れるのか、というのが正直な感想でした。カメラワークも音の入れ方も、実に巧み。しかも、ラブロマンスはあるわ、SFはあるわ、アクション映画はあるわ、ミュージカル映画はあるわ……。

これを「才能の違い」と言ってしまうのは、フェアではないでしょう。真剣にハリウッドを目指すアメリカの学生が通う学校には、それにふさわしい機材もスタジオも揃っています。他方、日本の学生たちには、そういうインフラもお金も乏しい。手持ちの16ミリのカメラを手にするだけでも大変だというような環境で作られる映画は、どちらかというと私小説的で、身の回りの事象にフォーカスを当てるという傾向のものが多くなるのは、自然の成り行きともいえます。

ともあれ、次々に上映される卒業作品は、さすがアメリカは映画の国なんだ、ということを実感するのに十分な、力作揃いでした。

夜通しのプログラムが終わると、明け方に簡単なパーティーがありました。そこで私は、「FILMEX」のディレクターを探し、「自分は日本でPFFという同じようなイベントをやっている」と自己紹介したうえで、「USCの映画学科のディレクターがいるはずだから、紹介してほしい」と頼みました。USCの卒業生たちが若き日に作った映画を観ながら、これをPFFで上映したら面白いのではないか、という考えが浮かんだからです。

すぐに見つかったUSCのディレクターにPFFの話をすると、「それはすばらしい」という反応。そこで、「さっきのオールナイトの番組に感動した。日本の映画好きな学生たちの前で、ぜひ上映したいと思うのだが、協力してもらえないだろうか」と話したところ、彼は「すばらしいアイデアだ」と二つ返事でOKしてくれました。

次の日にそのディレクターを訪ねて大学に出向くと、「お前はいい仕事をしている」とあらためて評価してくれたうえで、「全面的に協力するが、日本で上映するということについての最終的な判断の権限は、それぞれの作家にある。持って帰りたいものをリストアップしろ」と。そこで、何本かをピックアップすると、すぐに製作者と話をして、了解を取りつけてくれました。

話がトントン拍子で進んだ私には、ちょっと欲が出ました。ＵＳＣの隣には、スティーヴン・スピルバーグの出たＵＣＬＡ（カリフォルニア大学ロサンゼルス校）があります。その映画学科のディレクターも紹介してくれないか、と彼に頼んでみたのです。彼は、「お安い御用だ」とすぐにその場で電話をしてくれて、翌日はＵＣＬＡを訪ねることができました。

そこで、また同じ話をすると、彼も「いや、すばらしいアイデアだ」と。スピルバーグの卒業作品である「アンブリン」という映画を日本に持っていきたいという依頼に、「ＵＣＬＡも全面的に協力する」と答えてくれました。

さらに欲が出た私は、彼にアメリカでもう一つ映画学科を持っていてマーティン・スコセッシを輩出したことで有名なＮＹＵ（ニューヨーク大学）のディレクターを紹介してもらい、翌日はニューヨークに飛びました。そして、同じように全面協力を取り付けることに成功。日本で上映する作品を集めことができたのは大きな喜びでしたが、若い才能を応援しようという気持ちが海を越えるものであることを実感できたのも、私にとってはこの上ない収穫でした。

そうした経緯で、翌年、ＰＦＦでアメリカ学生映画フェスをやりました。これは、今やってもお客さんが集まる企画だと思います。

余談ながら、スピルバーグは、プロになってからつくったスタジオに「アンブリンスタジオ」

と命名しています。またルーカスは、後にルーカスフィルムの一部門として映画の音響技術に関わる社名に「THX社」と名付けています。アメリカを代表する映画監督に成長してからも、原点である学生時代に撮った映画には、強い思い入れがあるということでしょう。

カンヌの奇跡で、トリュフォーはPFFへ来日

82年のPFFでは、フランスの映画監督、フランソワ・トリュフォーの特集を組むことにしました。もともと私はトリュフォーの作品が大好きで、いつかは特集をやりたいという思いを抱いていたのです。

ただし、やるからにはぴあらしく、代表作を並べるようなありきたりのことはしたくない。彼の処女作から最新作までの全作品を上映できるようにし、それが実現したらトリュフォー自身を日本に呼ぼう、という壮大なプロジェクトが始動しました。

ところが、作品を集め始めると、どうしても手に入らないものが2本ありました。ありかは分かっていて、フランス政府が出資する映画博物館、パリのシネマテークに収蔵されているのでした。そこで、シネマテークに連絡をしたのですが、「1本しかない貴重なものなので、貸せない」というすげない返事。しかし、トリュフォー特集を完璧なものにするために、どうし

ても必要なピースでした。

状況を打開するには、実力者の力を借りるしかありません。いろいろ考えて、セルジュ・シルベルマンのことを思いつきました。大島渚監督が日仏合作で「マックス、モン・アムール」を撮った時のプロデューサーで、大変な日本贔屓でもありました。もちろん実際に会ったことなどありませんでしたが、彼に話をして企画を気に入ってくれたら力を貸してくれるかもしれない、という見立てに懸けることにしました。

しかし、どこに行けば彼に会えるのか？　頭に浮かんだのは、ちょうど開催が迫っていたカンヌ映画祭でした。シルベルマンならば、この時期、必ずカンヌにいるだろうと推理し、そこで探すことにしたのです。相変わらず乱暴な話なのですが、映画祭には一度行きたいと考えていたので、いい機会だと思って現地に飛びました。

当時、ぴあの海外特派員をやっていた、フランスに詳しい川喜多清正さんという人がいました。フランス在住の彼に連絡を取ると、八方手を尽くして、シルベルマンが泊まっているホテルを突き止めてくれました。

ホテルを訪ねドアをノックすると、出てきたのは、シルベルマンその人。「なんだ？」と言うので、「我々はぴあフィルムフェスティバルという映画祭をやっている。トリュフォーの映画について相談がある」と話すと、部屋に招き入れてくれました。

そこで、ＰＦＦの説明と、トリュフォーの企画の話をして、「しかし、初期の作品2本がどうしても上映できそうにない。パリのシネマテークにフィルムがあることはわかっているが、貸してくれない。これがあれば、企画はパーフェクトなのですが、お力添えをいただけませんか」と訴えると、耳を傾けていたシルベルマンは、「分かった。ちょっと待て」と。そう言って立ち上がってデスクまで行った彼は、どこかに電話をかけました。

電話を終えると、シルベルマンは、「ジャック・ラングがＯＫしたから大丈夫だ」と言いました。ジャック・ラングは、なんと当時のフランス文化大臣。若く、文化に理解のある政治家です。シルベルマンは、大臣に、「シネマテークに、トリュフォーのフィルムを出すように言ってくれ」と電話してくれたのでした。客観的にみて、百に一つの勝算もないようなトライが成功した、本当に漫画のような展開だったといえるでしょう。

そうやって全作品の上映にめどをつけ、今度はいよいよトリュフォーを呼ぶというプロジェクトです。企画内容をまとめ、本人に「日本の映画祭ＰＦＦでトリュフォー特集を行い、全作品の上映会を行うので、ぜひ来て欲しい」と手紙を送りました。やがて、返事が来ました。ドキドキしながら文面に目を走らせる我々の目に飛び込んできたのは、「素晴らしい企画だ。日本に行く」という回答でした。

念願かなって、あのトリュフォーがＰＦＦに来てくれる。それは、画期的なことでしたが、ふと「トリュフォーを招待するからには、飛行機はファーストクラスだろう」「いくらくらいするのだろうか」と話はいきなり現実的なモードに。ぴあにとっては、まだ資金にはそんなに余裕のない時代。「嬉しいけど弱ったな」などと話をしていると、こちらの腹の内を見透かしたかのように、トリュフォーから手紙が届きました。

「映画祭は招待されて行くものではなく、自分の意思で参加するものだ。従って、往復の航空券代は自分が払う」。手紙には、はっきりそう書かれていました。これにはみんなで喜び、「トリュフォーは、やっぱりジェントルマンだ」と、大いに盛り上がったものです。

このようにして、PFFのトリュフォー特集は、当初の目論見通りの形で実現しました。期間中、トリュフォーは毎晩パネルディスカッションをしてくれました。多くのファンが会場に押し掛けたのは、いうまでもありません。

当局の手を逃れ、完成させた「悲情城市」

アジアの映画監督の特集を組んだこともあります。トリュフォーを招いた5年後、87年のPFFでした。その中の一人に、台湾の侯孝賢(ホウ・シャオシェン)監督がいました。その作品をまとめて上映会を行い、監督自身も呼んでパネルディスカッションを行ったのですが、この侯監督との後日談も、忘れ得ぬものになりました。

ＰＦＦに呼んでから2、3年後のこと、私は台湾に行く機会がありました。すると、そこで偶然、侯孝賢に再会したのです。いや、偶然だと思っていたのは私だけで、実は監督は私が来るのを知っていて、「待ち伏せて」いたことが後から分かりました。

私が訪ねようとしていたのは、作曲家の三枝成彰さんの紹介で知り合っていた邱復生さんという実業家でした。台湾で複数の映画館の経営をはじめとして、ＴＶ番組の製作会社の経営など、手広く事業を展開している人でしたが、その邱さんの出資で作ろうと思っている自分の映画の予算が当初より膨らんでしまった。ついては矢内さんに出資をお願いしたい。それが侯孝賢監督の待ち伏せの理由でした。

久しぶりの再会を喜び、紹興酒を飲んで話しているうちに、私は「まあいいか」という気持ちになりました。きっと返ってこないだろうと思いながらも、「これも何かの縁だ」と、当時のお金で2000万円ほどを出資することにしたのです。侯孝賢の作品ならそんなに悪いものはできないだろう、と映画の内容も知らずに決めたのですから、自分でいうのも何ですが、かなりの太っ腹。

クランクインは、基隆（キールン）というかつての軍港があった場所で、私はそれに合わせて陣中見舞いに行きました。1年くらいが過ぎてから、「クランクアップして編集をしている」

と知らせがあったので、もう一度台湾に行ったのですが、台北で編集を行っていると聞いていたのに、実際には街から車で1時間くらい離れた田舎に連れていかれました。編集をしていたのは、田んぼに囲まれた一軒家。「どうしてこんなところでやっているのか」と聞いて、衝撃の事実を知りました。「実は官憲に追われているのだ」と言うのです。そこで初めて、「いったいどんな映画を撮ったのか」という話になりました。

これには台湾の歴史を説明する必要があるのですが、蒋介石の国民党政権による独裁下にあった1947年、闇タバコを売っていた女性が官憲に暴行を受けるという「二・二八事件」が発生し、それをきっかけに全土で大暴動が起こりました。台湾には、もともと台湾に住んでいた「本省人」、大陸で毛沢東に敗れて逃げ込んできた国民党などがルーツの「外省人」がいます。「二・二八事件」は、外省人による本省人の弾圧事件だったのですが、その後の台湾では、その事件については公に話したり記録に残したりしてはならない、という文字通りのタブーでした。侯孝賢は、その出来事を映画に盛り込んだために、当局から目をつけられる羽目になったのでした。

正確に言えば、この事件は、映画の主題ではありませんでした。しかし、背景に使われているだけとはいえ、台湾人にはすぐにピンとくる。どこから情報が漏れたのか、当局にそういう映画の中身が伝わり、彼は身の安全を確保するために田舎に身を隠していたわけです。

東京に戻ってきてしばらくしてから、侯孝賢からまた連絡がありました。「いよいよどうも危ないので、東京でフィルム編集をさせてもらえないか」と。私はそれを承諾し、麻布十番のアオイスタジオを押さえました。侯孝賢は、そこでフィルム編集や音入れなど、最後の仕上げを行うことになり、我々もサポートしました。

ところが、これもどこから聞きつけたのか、突然、亜東関係協会という団体の関係者が、「ここで台湾の侯孝賢がフィルム編集をしていると聞いた。映画の中身が見たい」とやって来ました。台湾とは国交がなく、大使館もありません。代わりに当時駐日大使館の役割を果たしていたのが、亜東関係協会でした。我々は、「フィルムは編集中なので見せることはできない。完成したらお見せします」と言って帰ってもらいました。

そんなこんなで、ようやく日の目を見たのが、映画「悲情城市」でした。観たことがある人は分かると思いますが、映画では冒頭から玉音放送が流れます。あんなに長い時間、玉音放送を聞かせる映画を私は知りません。ラジオから昭和天皇の言葉が流れる真っ暗な部屋で、明かりが消えた裸電球がぶら下がって揺れている。次の瞬間、赤ちゃんの産声が響き渡り、裸電球がパッと点いて物語がスタートする。そんな印象的な始まり方をする映画でした。ちなみに、当時台湾は日本の統治下にありましたから、玉音放送は台湾にとっても「終戦」の象徴です。

その非常に重要なファーストシーンで使われた玉音放送の音源は、東京に来るなり侯孝賢から「どうしても使いたいので、探してくれないか」と頼まれたものでした。保有するNHKに聞いてみると、「先に宮内庁の許可をもらってください」とのこと。そこで、宮内庁に「映画の製作に使うため、NHKにある玉音放送のテープを借りたい」と伝えたところ、比較的すんなりOKが出ました。

完成の連絡があった日の夜、アオイスタジオで試写会が行われました。映画の関係者や、日本にいる侯孝賢の知り合いをあわせて十数人くらい。字幕もなかったので、私には言葉はちんぷんかんぷんでしたが、いい映画に仕上がったのは分かりました。試写が終わり、明かりをつけると、台湾の人たちはみんな泣いていました。

フィルムは、翌日には、出品予定だったヴェネチア国際映画祭宛に送ってしまいました。後日、亜東関係協会の人間が「そろそろ完成しただろう」とやってきたのですが、「締め切りギリギリだったので、フィルムは映画祭に出品してしまった」「台湾で放映する前には必ず見せます」と言って、お引き取り願いました。協会側はカンカンになっていましたが、現物がないのだから仕方がありません。

ところが、世の中何が起こるか分かりません。完成即送ったその作品が、89年のヴェネチア国際映画祭で、最高賞に当たる金獅子賞を受賞してしまったのです。戦後、台湾が世界のナンバー1になったことは、どの分野でも一度もありませんでした。それを映画が果たしたというので、台湾中が大騒ぎになりました。

当然、侯孝賢も大喜びで、受賞後に会った彼は、「いろいろとありがとう。今回ヴェネチアで賞が取れた理由の一つは、音楽だと思う」と言いました。この映画を作るに当たって、私は音楽をはじめとする幅広い分野のプロデュースに携わる立川直樹さんに「この映画の音楽をみてほしい」とお願いしていました。そして、NHK特集「海のシルクロード」でタイトルバックの音楽を担当していたS・E・N・S・というバンドを推薦され、「悲情城市」の音楽を作ってもらった。これが映画にマッチしていて、とてもよかったのです。

実は侯孝賢は、その楽曲提供の話に少し不安を覚えて、いつも使ってきた台湾人の作曲家にも依頼していたそうです。「最後にS・E・N・S・の作った音楽と聴き比べ、私はそちらを選んだ。これが正解だった」と彼は言いました。そう思った理由を尋ねると、「海外のアーティストを選んだことで、作品がドメスティックなものではなく、グローバルになったのだ」と答えました。

なるほど、と私も思いました。あえて自らの文化とは違う背景を持つ音楽を採用したことで、作品は「台湾映画」を超えて人々の心に訴えかけるものになった。もし従来と同じ作曲家の音楽だったら、もしかしたら国際映画祭でグランプリを取るところまでは、いけなかったかもしれません。

監督と作品が映画祭から戻り、「祖国」で凱旋上映を行うと、当然のように大ヒット。さしもの当局も、それに鋏を入れることはできませんでした。

とはいえ、私は、検閲の残るところでそういう映画を作った侯孝賢の身を、その後も案じていました。その年の暮れ、台湾政府が主催する金馬映画祭で「悲情城市」が金賞を取ったという報告を聞き、心底安心したのを覚えています。

映画は邱さんの会社がメインでお金を出していましたが、お話ししたいきさつで、ぴあも出資していました。権利の話になった時、私は日本国内での配給権、DVD化権、放送権だけをもらい、あとは邱さんに渡すことにしました。

ひょんなことから、初めて映画に出資することになったぴあ。でも、戻ってこないだろうと思っていたお金は、きちんと返ってくるどころか、プラスになりました。

東京国際映画祭「ぴあ基金第1号」の苦い思い出

今年(2022年)も10月24日から11月2日まで、東京国際映画祭が華々しく開催されました。今回で35回目を数えたこのイベントですが、初めて開かれたのは、1985年のことです。その栄えある舞台で、私は日本アート・シアター・ギルド(ATG)の二代目社長、佐々木史朗さんと共に、「ヤングシネマ部門」のディレクターを任ぜられました。これも、PFF運営の実績を買われたものでした。

ただし、この仕事は〝不完全燃焼〟に終わりました。毎年この映画祭の時期になると、私の胸には、悔しい思いが昨日のことのようによみがえってくるのです。

第1回東京国際映画祭の開催は、その2年前、世界中の映画ジャーナリストが集まるカンヌ国際映画祭で宣言されました。しかも、ヤングシネマ部門のグランプリ監督には、次回映画製作資金として150万ドル（当時3億6千万円）を授与する、とぶち上げていました。海外のマスコミは、「経済大国日本の大盤振る舞い」と書き立てたものです。

ところが、話はとんとん拍子には進みませんでした。第1回の開催地は渋谷に決まり、地元に百貨店などを展開する西武と東急をはじめとする民間企業に大型協賛の期待が寄せられたのですが、あにはからんや苦戦の連続。ヤングシネマの開催そのものが危ぶまれるような状況に陥ってしまいました。

ディレクターを引き受ける時に、150万ドルのお金集めは我々の仕事ではありません、という確認を取っていたのですが、このままではカンヌで世界に向けて約束したことが実現できなくなってしまいます。記念すべき国際映画祭の初回から、みっともないことをしてはいけない。そう感じた私は、いろいろ考えを巡らせた結果、「ぴあ基金」を作ることに決めました。

150万ドル＝3億6千万円を「ぴあ基金第1号」に集め、そのお金をヤングシネマのグランプリ監督に渡し、次回作を作ってもらって利益を上げる。そして、それを「第2号」の原資とする、という形で継続していければ、若いこれからの映画監督を育成する循環が作れるのではないか、という理想論を描いたわけです。

時間もないので、とにかく実行に移そうと考えました。最初に当たったのは、当時コンピュータサービスで破竹の勢いだったCSKの大川功社長でした。大川さんは、私の話を聞くなり、「第1回東京国際映画祭にとって必要な金だということは、よう分かった。矢内君に任すよって、3億円出したる」と言ってくれました。大きな光が差した思いになったのは、言うまでもありません。

次にお願いに行ったのは、フジテレビの当時副社長だった鹿内春雄さんでしたが、こちらも「残り6千万円は、うちが出すよ」と。こうしてぴあ基金の構想は実を結び、3億6千万円を確保して、ヤングシネマは実現に向けて動き出すことができました。

と、喜んだのもつかの間、最後の最後にとんでもないことが起こります。説明したように、150万ドルは、全額が次回作の製作資金として、グランプリ監督に贈られることになっていました。ところが、デヴィッド・パットナム審査委員長が、審査委員会で勝手にその原則を変更し、賞金を金賞、銀賞、銅賞に分散してしまったのです。審査委員会を担当していた佐々木さんに抗議したものの、すぐさまプレス発表されてしまい、後の祭りでした。

結果は、金賞グランプリを受賞した「台風クラブ」の相米慎二監督に75万ドル、銀賞のハンガリーのペーテル・ゴタール監督に50万ドル、銅賞のトルコのアリ・オズゲントルク監督に25万ドルとなりました。こうなってしまっては、利益を出して循環させようと考えていた「基金」の趣旨とは違い、単なる〝ご褒美賞金〟のようなもの。苦労して集めた3億6千万円は、狙い通りの使われ方にはならず、本当に悔しい思いをしました。

相米監督とは、その後75万ドルのぴあ基金で「光る女」を撮り公開しましたが、案の定、興行的には惨敗でした。銀賞のハンガリーの監督も銅賞のトルコの監督も、次回作は作ったものの、利益には貢献しなかったのです。結局、ぴあ基金構想は、継続させること叶わず、第1回にして潰えてしまいました。

悔しさとともに、私を信用してお金を出してくれた大川社長と鹿内副社長には、本当に申し訳ない気持ちでいっぱいになりました。特に3億円をポンと出してくれた大川社長に対しては、このままで済ませるわけにはいかないと思い、映画祭実行委員長の岡田茂さんにお願いをして、お礼と感謝の気持ちを込めた食事会を催してもらうことにしました。同席したのは、大川社長、組織委員会委員長の瀬島龍三さん、岡田茂さん、ゼネラルプロデューサーの小谷正一さん、電通取締役の入江雄三さん、そして私。その場で、瀬島さんから大川社長へ労いの言葉が伝えられ、感謝状が渡されました。

審査委員会の展開は、予測不能のことではありましたが、大金を預かった以上、それが意図する通りに使われるまで、細心の注意を払う必要がありました。私にも甘さがあったと言わざるを得ない、これも反省しきりの失敗談です。

世界に飛躍する才能を「大島渚賞」で

「雑誌情報のイベント化」からスタートしたPFFからは、このようにいろんな「こと」や「もの」が派生していったわけですが、直近では2019年の「大島渚賞」の創設があります。PFFで、世界に羽ばたこうとする若くて新しい才能を顕彰する、というのが創設の目的です。大島監督は、日本に閉じこもるのではなく、フィルムを持って世界に出ていく、ということを実践した人でもありました。賞には、それに続くような若い人を期待を込めて応援しよう、という気持ちが込められているのです。

没後6年、PFFが「大島渚」の名を冠した映画賞をつくったのにも、こんないきさつがあります。

大島監督が亡くなって2、3年経った頃だったと思います。監督の奥さん、女優の小山明子さんが、「矢内さん、ちょっとお話があります」といってやってきたのです。「何でしょう?」と聞くと、「若い人たちを応援する『大島渚賞』というのを、PFFでつくってもらえませんか」と言いました。突然の申し出に私は驚き、「本当にPFFでいいんですか?」と聞き返していました。

大島渚といえば、海外でもネームバリューのある大監督です。正直、PFFなどで名前を使うのはおこがましい、という気持でした。すると小山さんは、「何を言ってるんですか。大島は家に帰ってくると、PFFの話ばかりしていたんですよ」と。続けて、「PFFに『大島渚賞』をつくってもらえるのなら、大島もきっと嬉しいはずです。これは大島の遺志だと思ってください」とまでおっしゃってくれました。ありがたいお話でした。私は、「分かりました。今社団法人化を考えているので、それができたら実現したいと思います」と約束しました。

そんな経緯で、坂本龍一さんを審査員長に、映画監督の黒沢清さん、荒木啓子というPFFのディレクターの3人で審査員会をつくり、スタートすることになったわけです。創設の翌年、20年2月に「第1回大島渚賞」を「セノーテ」の小田香監督に決定し、3月には授賞式と上映会を行いました。

ところが、翌21年は、創設2年目にして「該当者なし」。審査員会では、「始まったばかりなのに、該当者なしでいいのか」という議論にもなったそうです。しかし、「候補作はどれも『大島渚賞』というのには、どこか足りない。それを、受賞者なしでは具合が悪い、というような事情で選出することはできない」という結論になったのでした。

その話を聞いて、当然審査員会の結論は尊重するとして、いきなりそれはきついな、というのが率直な思いでした。賞のこれからにもかかわる事態ですから、どうしたものかと考えあぐねた末、我々はこの結果を逆手に取ることにしました。

21年2月26日、朝日新聞夕刊に「『第2回大島渚賞』該当者なし」の全1ページの広告が掲載されました。にっこり微笑む大島監督の写真がデカデカと印刷された紙面の最上段には、これも大きな活字で、「バカヤロー。」。その下に「映画はもっと自由でいいんだよ。」と。そして、審査員長の坂本龍一さんが、「該当者なし」ということになった背景、裏を返せば「大島渚賞とは何なんだ」という理念を語っている、というつくりでした。

広告だから当然なのですが、これはあらためて「大島渚賞」を世に知らしめる上で、効果抜群。朝日新聞からは、「第69回朝日広告賞」の「広告主参加の部　流通・エンターテインメント部門　準部門賞」という賞までいただくおまけ付きでした。

今年(22年)は、めでたく「海辺の彼女たち」の藤元明緒監督が「第3回」を受賞し、4月に受賞対象作品の記念上映会を行うことができました。

大島渚はなぜ映画を作ったのか

大島監督は、明石海人という詩人の言葉、「深海に生きる魚族のように、自らが燃えなければ、何処にも光はない」を座右の銘にしていました。墓石に刻まれているのですが、それを「大島渚賞」のトロフィーにも刻んでいます。

ＰＦＦの審査員を長く務めてくれた、大島渚監督との思い出は尽きません。「朝まで生テレビ」で、司会の田原総一朗と怒鳴り合ったり、小山さんとの結婚30周年パーティーで、野坂昭如さんと「殴り合い」を演じたり、一般にはちょっと「怖い」イメージもあった監督でしたが、プライベートではとても気さくで優しい人でした。

ある時、足繁く通っていた六本木の「クレードル」というバーに行ったら、奥のカウンターに座っている監督を見つけました。「隣に座ってもいいですか」と言うと、「いいよ、どうぞ」と。「お一人でどうしたんですか？」と聞くと、「いやあ、これからテレ朝で『朝まで生テレビ』があるんだ」と言うのです。「飲んでていいんですか？」「いいんだよ、いいんだよ」なんて言いながら、グラスを傾けている。監督とサシで飲むような機会は、めったにありませんから、いろんな話をさせてもらいました。

記憶に残っているのは、「なぜ映画監督をやっているんですか？」と聞いた時のこと。「自分の政治的信条とか、世に問いたい、伝えたいということを、映画を通して表現しているのですか？」と言ったら、「いやあ、そんなことはないな」と答えるわけです。私もけっこう酔っぱらっていて、しつこく「じゃあ何ですか？」と聞くと、「そうだなあ。そう言われて考えてみると、『大島組』の連中と、ああだこうだと言いながら撮るのを続けていきたい、と思っているだけかもしれないな。やっぱり楽しいんだよ、映画作りは」と。「なるほど、そういうことですか」と、酔った頭で納得したことを覚えています。

大島監督の気さくさに甘えて、ぴあの学生向けの会社説明会で流すPRフィルムに出演してもらったことがあります。監督に電話して、「こういう映像を撮りたいので、何か話していただけませんか」とお願いしたのです。考えてみれば、大監督にそんなお願いをするのは、ずいぶん大胆不敵な行為です。台本があるわけではないので、何をしゃべるか分からない、という危険性もある。

でも、大島監督は、その目的もきちんと理解して、誠実に対応してくれました。「PFFがなかったら、今の映画界もなかった」というようなことを、淡々と語ってくれて。

ところで、実はこの映像は、〝テイク2〟でした。撮影を任せたのは、当時の自主製作映画の世界で「杏子」を撮って有名だった伴睦人監督。16ミリのカメラを担いで大島監督のところへ行き、「はい、スタート」と監督が語る姿を撮り終え、「はい、カット」「ありがとうございました」と、そこまではよかったのです。ところが、カメラをチェックしてみたら、なんとフィルムが入っていなかった。

彼らもそのまま帰ってくるわけにはいかず、意を決して「監督、すみません！　フィルムが入っていませんでした」と頭を下げると、当然のごとく「バカ野郎！」と怒られて。「俺は役者じゃねえんだから、同じ話を二度もできないぞ」と。

それでも大島監督は、映画の世界の後輩たちの前で、もう一度ぴあについて語り、我々が期待した以上のメッセージを残してくれました。

ＰＦＦで「大島渚賞」を出せるのは、我々の誇りでもあります。この賞を励みに、本当に大島渚のように世界を舞台に活躍する映画監督が生まれて欲しい。心からそう願わずにいられません。

第3章

「チケットぴあ」は幸運の連鎖から生まれた

コンピューターとの出会い

宣伝はしていなかったものの、取次店経由で取り扱い書店数が増えたことにより、雑誌『ぴあ』の部数は右肩上がりに増えました。しかし、会社の将来を考えたら、「単独事業」で突っ走るのは、心許ない。

そんなことを考えている時、海外から気になるニュースが聞こえてきました。ロンドンでビデオテックスのシステムが開発され、普及を始めた、というものでした。ビデオテックスというのは、電話回線を通じて、文字や画像などを送受信するコンピュータネットワークシステムのことで、プッシュホンを使えば、家や会社にいながら、欲しい情報をテレビ画面に引き出すことができる、というふれ込みでした。

日本では、折しも「ニューメディア」という言葉が注目を集めていました。もし、このシステムを使ったメディアにエンタメ情報を載せるライバルが現れたら、雑誌は太刀打ちできなくなるかもしれません。

大きな脅威を感じた私は、日本でも同じような技術開発を行っているところがないか、調べてみました。すると、当時の郵政省と電電公社(現NTT)が、共同で日本版ビデオテックスの開発に取り組み、すでに技術的には完成の域に達していることが分かりました。すぐにその開発チームを訪ねると、残る課題は、情報提供者を集めた実証実験だと言います。とにかく情報のデータが欲しかった彼らに、ぴあも参加してくれないか、と誘われました。

新しい時代は新しい技術によってつくられていくのが、世の常です。こうした情報伝達の仕組みは、将来ぴあの敵になるかもしれないし、それを我々が上手に取り込むことが出来れば、チャンスに結びつく可能性もある。そう考えて、そこに、まさに飛び込むつもりで参加することにしました。1979年12月のことです。

この日本版ビデオテックスは、後に「キャプテンシステム」と名付けられるのですが、最初のうちは情報提供といっても、それをどのような形にしてどう伝えればいいかさえ分からない状態。ガイドブック的なものさえありませんでしたから、我々の仕事は、そのような「手引き」をぴあの社内で作るところから始まりました。

ぴあ以外でこの実証実験に参加していたのは、テレビ局とラジオ局の全局、新聞全紙。大手出版社では、講談社が入っていました。しかし、他社は週に1回、20ページくらいの情報しか提供しておらず、国の実験にお付き合いで参加しているような雰囲気でした。一方、我々は本気です。月に数千から1万ページに上る、他社とは桁違いのデータを送りました。

『ぴあ』は、情報をユーザーに届け、「映画を観たい」「芝居を観たい」という行動を喚起するメディアになっていました。同じ役割を紙ではなくディスプレイでも実現できるのかどうかが、最も知りたいことです。そのためには、できるだけ多くのデータをシステムに蓄えた上で、使い勝手を試してみる必要があった。これは、ぴあにとっての実験でもあったのです。

実際に運用してみると、まず分かったのは、1ページにこれでもかと多くの情報を詰め込むことができる雑誌に対して、ディスプレイの1画面には、1つの興行情報くらいしか表示することができないこと。つまり、『ぴあ』と比べて情報を見られるスピードは速いものの、一度に見られる量は極端に少ないのです。

そうした弱点に加え、当時のディスプレイは気軽に持ち運ぶことなどできません。私は、当面「ニューメディア」に『ぴあ』が駆逐されるようなことは起こらないだろう、という感触を得ました。同時に、アナログ一辺倒だった私たちにとって、コンピューターの実力の一端に触れることができたのは、得難い経験でもありました。

思い切って飛び込んだキャプテンシステムの実証実験でしたが、得たものは多かった。それに、他社とは違ってぴあが膨大な情報を提供したことに、郵政省も電電公社もとても喜んでくれました。彼らも「ぴあは面白い会社だ」と思ってくれるようになったのです。

四面楚歌だった新規事業への進出

キャプテンシステムで手にしたことを、無駄にする手はありません。この経験をきっかけに、ぴあは二つのことを始めることになります。

一つは、雑誌『ぴあ』のコンピューター編集です。日本で最初に紙媒体のコンピューター編集を導入したのは、ネルソンという編集ソフトを開発して実用化した朝日新聞でした。ぴあは、それに次ぐ2番手になりました。

実証実験でコンピューターの力を知った時、私は、これは編集に使える、と直感しました。『ぴあ』のコンテンツは、文章というより記号の羅列のようなものだからです。この時期から導入を始め、ほぼ100％のコンピューター化を達成したのは、96年。これにより、『ぴあ』の編集は、スピード、コストともに見違えるようにシェイプアップされていきました。

そして、それとともに、もう一つ着手したのが、後に「チケットぴあ」として結実するエンタメチケットの予約販売の開発でした。キャプテンシステムの実験に取り組む中で、膨大な情報を蓄積、処理できるコンピューターと優れた通信技術を使えば、そういうことが可能になるかもしれない、とひらめいたのです。

これがいかに便利なことなのかは、その頃の「チケット事情」を知る人には理解できると思います。当時、映画や演劇、コンサートなどの前売りチケットの大半は、限られたプレイガイドで販売されていました。東京なら、銀座、新宿、渋谷、池袋などの繁華街で、全部合わせて20店舗あったかどうか。

例えば八王子に住む人は、わざわざ中央線に乗って、プレイガイドのある新宿まで出かける必要がありました。それで首尾よく手に入ればいいのですが、すでに売り切れていて、肩を落として帰るしかない、ということが珍しくありませんでした。実はその時、銀座ではゲットできたのかもしれませんが、行ってみなければ分からない。そういう〝ミスマッチ〟は、チケットの売れ残りという形で、興行主にも少なからぬ打撃を与えていたのです。

予約して店に行けば、間違いなく欲しいチケットが入手できるという仕組みができたら、ほかならぬ『ぴあ』の読者にとって、この上なく便利なものになるはずだ、と私は考えました。『ぴあ』の読者は、基本的に『ぴあ』を「読む」ために買うのではありません(中にはそういう「読者」も少なからずいたかもしれませんが)。そこに掲載されている情報を手掛かりにして、実際に映画や芝居を観にいくのが目的です。言い方を変えると、そういうアクションにつながって、初めて『ぴあ』を購入した意味があるわけで、載っている情報は、情報に過ぎないのです。

チケットの予約販売システムは、その情報とアクションを一気通貫でつなげるツールになるでしょう。『ぴあ』の読者は喜ぶはずだし、読者がそのまま「チケットぴあ」のユーザーになってくれるだろう、という計算も成り立ちます。

では、果たしてそれをシステムとして組み上げるのが可能なのか？　コンピューターの専門家に話してみると、「技術的には可能だと思う」という反応でした。

しかし、私自身は「よし、やろう」と自らにゴーサインを出したものの、大きなネックがありました。その時代、このシステムが必要とする大型のコンピューターは、やっと銀行に入り始めたくらい。非常に高額な〝高値の花〟だったのです。

そのため、取締役会で提案しても「今そんなリスクを負う必要はないでしょう」と、理解を得ることができません。銀行も皆反対でした。「誰もやっていない今こそがチャンス。先行優位で地盤を固めるべきだ」と主張する私は、四面楚歌の状態でした。

効いた興銀産業調査部のお墨付き

その当時、ぴあのメインバンクは、東京都民銀行（現きらぼし銀行）でした。東京・神田に本店があるのですが、神田には写植や製版などの零細会社が多く集積していて、主にそういう会社を支援している銀行でした。ぴあも大手の都市銀行には相手にしてもらえず、当座預金も使えなければ、小切手も使えない、手形なんてとんでもない、という時代。教文館の中村さんの紹介で、ようやくそこに口座を開くことができたのです。

その都民銀行神田支店の支店長に、後に頭取になる駄場純一郎さんという人がいました。余談ながら、都民銀行のトップは、日本興業銀行(現みずほ銀行)から天下ってきた人物が務めるポストでしたから、プロパーの駄場頭取は異例の抜擢でした。

四面楚歌状態から抜け出せないでいた私は、藁にもすがる思いで、その駄場さんに「チケットぴあ」の構想を相談してみました。すると駄場さんは、正直に「申し訳ないけれど、私にはまったく判断することができません。しかし、矢内さんの話を聞いていると、確かにこれからそういう時代が来るのだろうという気もする」と言い、「よかったら、興銀の産業調査部に調べてもらったらどうですか」と、話をつないでくれたのです。

興銀からは、若い人間が何人かやってきて、詳しい話を聞かれました。3、4ヵ月はかかったでしょうか、海外の事例調査や日本国内のエンタメ業界へのヒアリングなどを経て、結果が出ました。答えは、「事業性あり」。

私自身はよく知らなかったのですが、当時の興銀産業調査部というのは、興銀の中でも一番のエリート集団で、ここが日本の産業政策の屋台骨を担っている、とまでいわれていたそうです。日本興業銀行は、その名の通り、もともと日本で業を興すのを助けるのが仕事の銀行ですから、ぴあのやろうとしていることの可能性を、とことん追求してくれたのかもしれません。

いずれにしても、そんな興銀の産業調査部がお墨付きを与えてくれたことで、形勢は一気に逆転しました。社内でも私の構想が認められ、「やりましょう」ということになりました。都市銀行の態度も、コロッと変わった。

後日、「チケットぴあ」が立ち上がってから、都民銀行だったはずのぴあのメインバンクが、いきなり普通の都市銀行を超えて興銀になったのには、みんな驚いていましたが。

電電公社の〝ドン〟への直談判

外堀は埋まり、いよいよ構想を具体的な形にしていくステージに進むことになりました。ここでも幸運だったのは、元立教大学の教授で、当時多摩大学学長をしていた野田一夫さんに、システム構築のキーマンとなる電電公社の長谷川壽彦さんを紹介してもらえたことでした。野田先生は、若い経営者を集めた会を開いていて、私も顔を出していました。ソフトバンクの孫正義さんやアスキーの西和彦さんとも、そこで最初に出会っています。

長谷川さんは、当時電電公社のデータ通信本部長で、やはり野田先生のところにちょくちょく来ていたそうです。快活で頭脳明晰な人物でした。その長谷川さんに「チケットぴあ」の構想を話すと、意外な答えが返ってきました。「そうですか。実は電電公社でも、同じようなことをテーマの一つに考えているんですよ」と言うのです。私は驚き、電電公社と競争したら勝てないだろうな、と思いながら、「どういうことですか?」と聞きました。

当時アメリカに、公社から、あるプロジェクトチームが派遣され、それに長谷川さんも加わっていました。チームに課せられたテーマは、国中に張りめぐらされている電話回線を電話通信以外に利用できないか、というものでした。実は回線が電話に使われている時間は、それほど多くはなく、ほとんどが「空きスペース」でした。その活用が進んでいるアメリカの状況を視察する、というのが訪米の目的だったわけです。

そうした調査も踏まえて、電電公社は、何百という候補から日本で実現可能性の高いものを絞り込んでいました。その中に、国鉄(現JR)の「みどりの窓口」や銀行のオンラインシステムなどと並んで、「チケットの予約・販売システム」も入っていたのでした。長谷川さんの説明を聞き、「世の中には同じことを考える人がいるんだ」と、驚くばかり。

そして長谷川さんは、こう言いました。「私たちは、公社という立場上、チケットビジネスをすることはできません。しかし、そのビジネスをする人の応援ならばできます。電話回線を使ってもらうことは、我々にとってもプラスになりますから」。

すぐに、ぴあの開発チームと電電公社の開発チームの顔合わせが行われました。帰ってきたメンバーは、「有意義なミーティングになりました」「我々が考えていたことと、彼らが考えていた仕組みは、ほとんど同じで驚きました」と口々に言います。この日以降、電電公社は、「チケットぴあ」の開発に全面協力の体制をとってくれました。それにより、システム開発が一気に進んだことは、いうまでもありません。

とはいえ、技術がクリアできればシステムが動くかといえば、そう簡単な話ではありません。ここでも問題になったのは、システム構築のための資金です。今や興銀のお墨付きもありますから、銀行は喜んでお金を貸してくれるかもしれませんが、後々の資金繰りが大変です。

特にお金のかかるのがコンピューターでした。「チケットぴあ」のメインフレームを何にするのか比較検討した結果、システム部の結論は、NECの「ACOS」の導入でした。見積もりを比較して安いものを選んだのですが、それでも我々にとっては高かった。

そこで、私は一計を案じ、長谷川さんに「真藤さんに会わせてください」とお願いしました。真藤恒さんは当時電電公社の総裁で、〝電電のドン〟と呼ばれた人物。民営化後のNTTの初代社長になった人です。

長谷川さんの計らいで真藤さんを訪ね、私は、「日本全国どこでも、電話は3分10円です。その利益を得るために、電電公社は先に莫大なコストを負担したわけですよね」と切り出しました。真藤さんは「当たり前だろう」といった反応。

「そこでご相談なのですが、現在ぴあでは電話回線を通じてチケットの予約販売をするサービスを考えています。電子信号を回線に流すという、電電公社にとっては新しいビジネスです。これを普及させるために、ご協力をお願いしたい。これに必要なコンピューターを公社で購入してもらい、それを3分10円とはいいませんが、我々に貸してもらえないでしょうか」。これが、私の「一計」でした。

私のプランを聞き終わると、真藤さんは目をこちらにギョロっと向けて「君は面白い人だね」と言いました。それから「話は分かった。また連絡する」と。

それから1週間くらい後、長谷川さんから「真藤のオヤジが『やってやれ』と言っていました」という電話がありました。これは推測に過ぎませんが、真藤さんも私の話を本気で面白がってくれていたように思うのです。若者が電話回線を電話以外で使うビジネスを持ってきた。そのような利用が広がってくれれば電電公社としてもプラスだし、出す金額も公社からすれば、大した金額ではない。やらせてみよう、と。

ところで、その後、電電公社から「ACOS」使用料の見積書が上がってきて、驚きました。とても安かったのです。そもそも、公社のコンピューター購入費用が、ぴあが買おうとしていたときの見積もりの半額ほど。考えてみれば、NECにとって電電公社は、当時最大のお客さんで、年間何百台も買っているうちの1台なのだから、安くなるのも当然の話でした。

「真藤さんに会ってきますよ」とNECの担当者に話した時、「やめた方がいい。恥をかきますよ」

と必死で止めた理由も、何となく分かりました。電電公社に安くコンピューターを売っているのを知られてしまうのは、いろんな意味で都合が悪かったのでしょう。

ともあれ、「コンピューター問題」は、電電公社に使用料を支払うことで解決し、ぴあのキャッシュフローは、非常に楽になりました。事業化のめどは立ちました。

浅利慶太と同時に押した起動スイッチ

キャプテンシステムの実証実験に参加したのが、79年暮れ。そこからお話ししたような幸運な出会いを経てシステム開発が進み、私は「チケットぴあ」のスタートを84年4月に定めていました。そうしたスケジュールも含めて、秘密裏に準備を進めていたのですが、83年に入ってすぐ、どこから聞きつけたのか、劇団四季の芸術総監督の浅利慶太さんが私を訪ねてきました。そして、「ぴあでチケットをコンピューターで売ると聞いた。ぜひ協力してほしい」と言うのです。

「協力」の意味は、「日本で初のロングラン公演をやるのに、それが必要なのだ」というものでした。浅利さんはおもむろに、「日本でロングラン興行を成立させる要件が三つある」と言って、説明を始めました。

「一つは良いコンテンツがあること。これには自信がある。ニューヨークの『CATS』の権利を取ってきた。二つ目に小屋(劇場)。日本ではひと月単位でしか貸してくれないから、どんなに売れる公演でもアメリカのようにロングラン公演をすることができないのが問題なのだ。だから新宿に土地を借り、キャッツシアターというテントを作ることにした。そして三つ目が、ぴあがやろうとしているコンピューターでチケットを売る仕組みなんだよ」。

当時は、例えば歌舞伎座のチケットも、すべて窓口販売でした。座席指定の方法は、超アナログ。窓口に香盤表といって、日付・公演回ごとの座席表が用意されていて、『この日、この回の、この席』というオーダーに従って、該当の座席を赤く塗り潰していく。そして席の記入された切符を取り出し、お金と引き換えるのです。当然、一人一人の販売に時間がかかり、ロングラン公演のチケットを売るには厳しい。だから、「コンピューターで短時間に売るシステムが必要なのだ」と浅利さんは力説したのでした。

興行サイドでそんなことを言う人には初めて会ったので、驚きました。さすがの慧眼だ、と思ったのも事実。しかし、詳しく話を聞くと、「今年の10月に販売を開始したい」と言います。「うちは来年4月に向けてシステムを作っているので、それは無理です」と断るしかありませんでした。

ところが、浅利さんは諦めてくれません。何としても、そのタイミングで「CATS」を成功させたい、という思いでいっぱいなのでした。そうやって、何度断ってもやってくる熱意にほだされたというか、根負けしたというか、私は「半年の前倒しなど、無茶です」と訴えるシステムの担当者たちを、「全体のリリース予定は変えず、四季のチケットを売るパートだけを10月から稼働させられないか」と説得しました。

結局、技術のメンバーたちの不眠不休の貢献で、浅利さんの望み通り、「CATS」専用のコンピューターによるチケット販売システムが出来上がりました。図らずも、それは「チケットぴあ」のプレスタートということになりました。

設置したコンピューターを稼働させる際に、「火入れ式」というのがあることを、NECの担当者から初めて聞きました。神主を呼んでお祓いをするのだというので、とても驚きましたが、チケット発売当日には実際に神主が来て、ぴあ側で私が、四季側で浅利さんが同時に起動スイッチを押すという儀式を行いました。

チケット販売の前日だったか、コンピューターが動かないというトラブルが起こって、慌てたことも思い出します。結局キャッツシアター付近の変電所から出ている電磁波が原因だと分かり、それを防ぐと作動を始めて事なきを得たのですが。そんなデリケートなことでトラブルが起こるのか、と一つ勉強にはなりました。

「CATS」のチケットは、飛ぶように売れました。チケットは、浅利さんの要望に従って、最初の3ヵ月分を一度に売りに出していました。キャッツシアターは1050席、ひと月30日、土日のマチネ(昼公演)も入れると、3ヵ月分で10万枚。それが、3日半で売れました。今ならその程度の枚数は数十分でさばけますが、「手売り」の当時は、物理的にあり得ない数字です。「CATS」のコンテンツ力もさることながら、「チケットぴあ」はすごい、という話が業界を駆けめぐりました。結果的に、ぴあにとっては、本稼働前の大きなプロモーションとなったのでした。

「俺たちは戦友だ」と浅利慶太

公演が好評を博したことを受けて、浅利さんは、キャッツシアターの土地使用の延長を新宿区に申し出ましたが、却下されてしまいます。それで、仕方なく今度は「CATS」を大阪に持っていくことになりました。「一緒に来て欲しい」と頼まれた私は、ぴあにとってもチャンスだろうと考えてそれに着いていき、同時に大阪支社をスタートさせることにしました。初代支社長は、キャンディーズを1万円で呼ぼうとした齋藤廣一です。

その後、四季は名古屋でもロングラン公演を行い、ぴあもそこに基盤を築きました。このように、浅利さんの劇団四季に先導される形で、ぴあの全国展開も始まることになったのです。

東京での公演が佳境を迎えた頃、浅利さんと飲んでいた時に、「矢内君、俺たちはよく頑張った。俺たちは戦友だ」と言われたことがあります。「君は、『チケットぴあ』という今までとはまったく違う業態で勝負をかけた。俺の『CATS』もそうだ。権利料を10億円払ったから、うまくいかなかったら本当にアウトだった。二人はよくやった！」と、その場で固く握手をかわしました。

公演の場を大阪に移した際、相変わらずチケットが売れ続けるのを見て、私は浅利さんに「ここまできたら、劇団四季で劇場を持つべきではないですか」と提案しました。「東京も大阪でも劇場を1年間まるまる使っているのだから、自前で持った方が安く済むはずです。それに浅利さんを応援してくれるスポンサーもいるはずです」と。

初めは「劇場なんて儲からないよ」と話していた浅利さんでしたが、次の飲み会で「やっぱりうちで劇場を持つことにした」と言いました。「年下の人間に言われて考えを改めたのは、初めてだ」と笑っていたのを思い出します。

その後の劇団四季の躍進は、ご存知の通り。今は東京に5ヵ所、大阪と名古屋に1ヵ所ずつの専用劇場を持っています。少しは「戦友」のお役に立てたのかな、と私は思っています。

ぴあが迎えた4人の「とんでもない」相談役

プレスタートを大成功させた「チケットぴあ」は、予定通り84年4月にサービスを開始し、ぴあにとっては新たな基幹事業ができました。それを機に、当時のぴあとしてはまさに雲の上の人たち、「とんでもない」クラスの相談役が4人誕生するのですが、初めから私がお声がけしたのではありません。そのきっかけになったのが、これも幸運の偶然というしかない、佐橋滋さんとの出会いでした。

佐橋さんは元通産省の官僚で、首相も務めた三木武夫通産大臣に次官として仕えた人です。在任時には「佐橋大臣、三木次官」と揶揄されていたくらい、有能でスケールの大きい人物でした。日本の高度経済成長を牽引した通産官僚を描いた、城山三郎の「官僚たちの夏」の主人公のモデルでもありました。

役人を辞めた後は、産業界から引く手あまただったのにもかかわらず、「野には下らない」と宣言して、どこにも天下ったりしませんでした。そうはいっても、大先輩を放っておくことはできないと、後輩たちは「余暇開発センター」という財団法人を作り、佐橋さんは、彼らに懇願されてそこの理事長に就いていました。

ある時、その余暇開発センターの名刺を持った人間が、会社にやって来ました。それが、後にぴあの社員になる今井仁君なのですが、来訪の目的は、「ぴあにセンターの賛助会員になってもらいたい」というものでした。

その頃は、時々新聞に日本の興行界、エンタテインメントに関するデータが「余暇開発センター調べ」として載ってたので、私はその団体のことを知っていました。そこで、「会員になれば、データが自由に見られるのですか?」と聞くと、「見られます」という答え。ならば、と賛助会員になることにしたのです。

センターでは、3ヵ月に1回、懇親会がありました。そこでは、佐橋さんが最初に30分くらい話をするのですが、さすがに元通産次官だけあって、その中身が大変面白く、みんなこれを聞きたくて会員になっているんだな、と思うほどでした。

一方、その頃「チケットぴあ」の開発が佳境を迎え、社内では人手が足りない状態でした。そこで、今井君を開発チームに引っ張ろうと思い、声をかけたのです。すると、「せっかくの話だから受けたい」と言いながら、「余暇開発センターでは、佐橋さんに大変お世話になってきました。やめるには、理事長のお許しを得ないわけにはいかないのですが、矢内社長もその場に一緒に来てくれませんか」とお願いをされました。

そんな事情で、佐橋さんに会いに行くことになりました。理事長室のドアをノックしたのは、それが初めてです。今井君の話を聞いた佐橋さんは、「人生、なかなか人に誘われて次の仕事ができることはない。いい機会なのだから、そこで頑張りなさい」と言いました。

佐橋さんとは、最初にお会いした時に名刺交換しただけだったのですが、そんなことがあったおかげで、つながりができました。それ以降、懇親会に行くと、佐橋さんの方から「今井君は元気かね？」と声をかけてくれるようになったのです。

さて、ようやく「チケットぴあ」のシステムが完成し、スタートを前に、業界向けのデモンストレーションを霞が関ビルの30階にあった電電公社のショールームで行うことになりました。1週間くらいかけて、業界別に毎日何十人かずつ会場に呼んで、システムのお披露目と説明をしたのです。

余暇開発センターの事務所もすぐ近くだったので、佐橋さんのところに出向いて、「今井君たちが頑張って完成させた『チケットぴあ』のシステムをぜひご覧いただきたい」とお誘いしました。実際にシステムを見た佐橋さんは、「これからは、こういう時代になるのか」と感慨深げにおしゃいました。そして、「ぴあには応援団が必要だな」とボソッと言うのです。意味が分からずにいる私に、佐橋さんは、「矢内君のところは、今まで出版だけだった。しかし、チケットを売るということは、興行界の人と付き合うことになる。中には〝そっちの世界〟の人もいるだろう。しっかりやっていくためには、応援団が必要だ」と言いました。

「応援団とはどんな人たちでしょうか？」と聞くと、最初に名前が挙がったのが、日本精工会長の今里廣記さんでした。今里さんは当時、松竹の社外取締役をやっていて、歌舞伎のヨーロッパ公演の実現に尽力していました。

次に名前が出たのは、三井不動産会長の江戸英雄さんです。江戸さんは、桐朋学園の理事長をしていました。お嬢さんの江戸京子さんはピアニストで、指揮者の小澤征爾さんの元奥さん。そういったこともあり、江戸さんはクラシックに造詣が深い人だったので、海外からオーケストラが来る際にはいろいろなケアをしたりしていたようです。

そして3人目は、サントリー社長の佐治敬三さん。佐治さんは、サントリーの宣伝も兼ねて、スポーツやコンサートなどいろいろな国際イベントを自ら手掛けていました。

これらの人たちに、応援団すなわち相談役になってもらってはどうか、というのが佐橋さんの提案でした。なるほど、いずれも文化、芸術、エンタテインメントに理解のある、それにふさわしい人物です。しかし、あまりにぴあとは格が違うビッグネーム。名前を聞いたことはあるけれど、会ったこともありませんでした。

それで勇気をふりしぼって、「3人とも、お会いしたことはない方ばかりです。ご紹介いただけないでしょうか？」と聞いてみました。すると、やおら「矢内君、人が人を紹介するのはどういうことか知っているか？」と言いながら、こんな昔話を始めたのです。

太平洋戦争が始まり、佐橋さんの親友が「自分は戦場に行くことになった」という報告をしに来た際、「俺が信頼している友人を紹介する。万が一、俺が死んで帰ってこないなんてことがあったら、俺と同じようにそいつと付き合ってくれ」と、ある人物の名前を書き残していったのだそうです。1年も経たず、その親友が戦死したという知らせがありました。そこで、紹介された人物に会いにいくと、親友同様、本当にいい男だった……。

どう反応したらいいのか困っている私の前で、佐橋さんは自分の名刺を3枚ひっくり返して、「○○様　矢内廣君を紹介します」と書いて、渡してくれました。名刺の裏書ではありましたが、それは佐橋さんの気持ちのこもった紹介状でした。

この「名刺紹介状」は、やはり霊験あらたかで、会社にうかがった私に対して、3人とも相談役の件を「お引き受けします」と快諾してくれました。

3人にOKをもらったところで、再び佐橋さんに会いに行ったわけですが、ただお礼をすることだけが私の目的ではありませんでした。お三方とも、はっきりとは口に出しませんでしたが、「当然、佐橋さんも応援団に入るんだよね」という前提で話をしているのが、ありあり。佐橋さんに会った私は、恐る恐る「理事長も相談役に加わってもらえませんか」と切り出しました。

案の定佐橋さんは、「僕は通産省を終えた後、どこにも行かないと宣言したんだ」と言いました。紹介状の3人は了解してもらったのに、紹介状を書いてくれた佐橋さんが加わってくれないのは困ったものだ、と弱り果てていると、佐橋さんはこんなことを言い始めました。

「そういえば、一つだけ例外があったなあ。僕のポン友で、大山康晴と同じ時代を争っていた無頼派の升田幸三という将棋指しがいた。ある時、屋台で飲んでいたら、『全日本アマチュア将棋連盟の理事長になってほしい』と言うんだよ。『そういう依頼は断っている』と言っても聞かないので、『ほかならぬお前の頼みだから』と、引き受けることにしたのだけれど、一つだけ条件を出した。『車代だろうが何だろうが、金は一銭も受け取らないぞ』と。升田はカンラカンラと大声で笑い、『そんな金があれば、お前には頼まない』と言われてね」。続けて、「今回は、例外の二つ目だな」と。そう言って、最後は相談役を受けてくれました。

こんな経緯で、この上なく心強い応援団が結成されました。相談役会を開いたのは、「ぴあの会」の会場だった万安楼。多忙な中、みんなよく集まってくれましたが、佐治さんは「申し訳ないけれど、このメンバーでは、俺はいけないいもん」と欠席。毎回会議の中身を別途報告にうかがっていました。

相談役会は84年にスタートしたので、私は当時30代半ば。そんな若造に対しても、相談役会のみなさんは本当に率直に対応してくれて、自分の知らないことがあれば、必ず質問しました。最初の頃は、「コンピューターでチケットを売るのが、本当に商売になるのかね？」などと言われることもありました。彼らのビジネスの規模からすれば、真っ当な疑問でしょう。

また、相談役のみなさんの話が非常にシンプルだったことも印象に残っています。若い頃は特に、正確に語ろうとするあまり枝葉末節の話になったり、結論が見えなくなったりするものです。ところが、この人たちの話は、ある意味おとぎ話のようにシンプルで分かりやすかったのです。

時には、聞いてしまっていいのか、というような雑談をすることもありました。電電公社の民営化の際には、初代社長の人事について、「あいつはダメだ」「いや、適任者がいない」などという話を平気でしていたことを思い出します。

「チケットぴあ」のオープニングパーティを東京會舘で行った時、今里さんに挨拶をお願いしました。私のオープニングの挨拶の後、ご本人が登壇すると、「あの今里さんがここで挨拶をするのか」と、どよめきが起こったものです。その場で「ぴあの矢内君をよろしく頼みます」という話をしてくれたのは、感激以外の何ものでもありませんでした。

瀬島龍三に捧げたコンサート

その今里さんは、85年に亡くなり、相談役は3名になりました。江戸さんが心配し、「一人追加してはどうか」と提案してくれたのが、当時伊藤忠商事特別顧問だった瀬島龍三さんでした。江戸さんの紹介状を携えて会いに行った瀬島さんは、二つ返事で快諾してくれました。

瀬島さんとの間にも様々なエピソードがありますが、一つだけ紹介しておきましょう。

晩年、「天満敦子さんのコンサートをどこかでやっていないか」と聞かれたので、東京や大阪の公演日程を調べようとしたところ、瀬島さんの秘書が追いかけるように電話をしてきたのです。「瀬島からコンサートに行きたいという連絡があったと思いますが、今はそんな状態ではありません。申し訳ありませんが、私の方で何とか言い含めておきますので」と。

そんなに調子が悪いのかと驚いたのですが、逆にそういう状態にもかかわらず天満さんのコンサートにはどうしても行きたいと思っているわけです。その願いに何とか応えられないだろうか、と考えて、瀬島さんのためだけのミニコンサートをやれないかと思い立ちました。

ぴあの取締役で元日銀出身の吉澤さんから日銀の福井俊彦さん(後の日銀総裁)が天満さんの追っかけであることを聞き、福井さん経由で天満さんに頼みこみました。そして、ＡＮＡインターコンチネンタルホテルの上層階のチャペルを借りて、プライベートコンサートを開くことになったのです。当日は、瀬島さんと瀬島さんのご家族、それに福井さんなど数名が集まり、天満さんのバイオリンの生演奏を堪能しました。瀬島さんは大層喜んでくれて、その後の食事会からも、周りが心配するほど長い時間、帰ろうとしませんでした。

その時、突然瀬島さんが、ロシアに抑留されていた時代の話を始めました。瀬島さんは、「ロシアに日本を売った」という話をする人もいるほど、陸軍の参謀としてロシアではいい暮らしをしていたのではないかと思われてもいたのですが、本人いわく、「まったくそんなことはなかった。毎日ペンキ塗りのノルマを果たさないと食事をもらえず、天井を塗るのがとにかく一苦労だったのだ」と。日本に帰国した時、奥さんと娘さんが迎えに来たのですが、あまりの風貌に娘さんは瀬島さんのことを父親と認識できず、顔を背けられた、という思い出話をしていました。

もしかしたら、あの会が、瀬島さんの人生にとっては束の間の「楽しい時間」になったのかもしれません。帰る際には、涙ぐんでいらっしゃいました。

「自分が信じたことは、やらないとダメだ」

2001年11月、ぴあはセブン-イレブンと提携し、東京都内の約1200店舗でチケット販売を開始しました。今はセブン&アイ・ホールディングス名誉顧問の鈴木敏文さん(当時はセブン-イレブン・ジャパン社長)との思い出も尽きません。

出会った当時、鈴木さんによく言われたのは、「矢内さんは自分で仕事を作ってきた人なのだから、自分が信じたことはやった方がいい。やらなければダメだ」ということです。世の中になかったコンビニエンスストアを1からつくり上げた人の言葉だけに、重みが違いました。

鈴木さんが、アメリカの会社と提携してコンビニを始めようとした時、鈴木さんをイトーヨーカ堂に呼んだ創業者の伊藤雅俊さんを含め、周囲からは大反対を受けたそうです。しかし、これは絶対に日本に根付くはずだという信念のもと、伊藤さんを説得し、大成功を収めました。

これは、NHKの「プロジェクトX」などでも紹介されている話ですが、店舗をつくる前、アメリカ本社にお金を払ってサービスに関するノウハウブックをもらったものの、鈴木さんは「当たり前のことがたくさん書いてあるだけだ」と思ったそうです。実際にコンビニ経営を始めると、アメリカと日本での習慣の違いもあり、やはり書いてある通りにいかない部分が多く出てきた。ならば、と自分たちでルールを作り、ノウハウブックを次々書き換えることで、事業が拡大し、独自のノウハウも積み上がっていきました。

日本のセブン‐イレブンは大きく飛躍し、結局アメリカの本家を買収することになるのですが、その際にも、他の役員や銀行から反対を受けました。本体の業績が傾いていたので、今さらそれを買っても、というわけです。しかし、鈴木さんは「再生すればいいだけだ」と決断しました。

その時、鈴木さんは、アメリカで流通ビジネスの第一人者といわれている大学教授を顧問に雇い、再生に向けたプロジェクトを立ち上げます。ところが、その先生は、「アメリカでは、今後コンビニ・ビジネスは成り立たない」と、様々な理由を挙げて説明したのだそう。鈴木さんは途中で話を遮り、「私は、そんな話を聞くためにあなたを雇ったのではない」と、その場で彼をクビにしてしまいました。そして、日本で培ったノウハウをアメリカナイズしていき、見事に生き返らせました。その後、アメリカのセブン‐イレブンは最高益を出すほどに成長していくわけです。

再生を果たした頃、クビにした大学教授にある所でばったり出会い、先方は儀礼的な挨拶をしてきたので、嫌みを言ってやった、と鈴木さんは笑っていました。「大学の教授だろうが、何かの専門家だろうが、あまり関係ないんだよ。大事なのは、『これはいける』という経営者の感覚なのだ」という指摘にもまた、説得力を感じたものです。

こんな話を、目の前にいる本人からうかがえたのも、とても幸せなことでした。

大魚を逃した?ソニーとぴあ

もしかすると「チケットぴあ」は、今ごろ世界を席巻する音楽、映像配信サービスをスピンオフさせていたかもしれません。そんな話もしてみたいと思います。

「チケットぴあ」をスタートさせて数年後のこと、私はあるビジネスのアイデアを思いついて、ソニーの会長だった盛田昭夫さんのところにうかがいました。盛田さんとは、最初にどこでお会いしたのか、はっきり思い出せないのですが、「盛友塾・盛学塾」という若手経営者の勉強会でお世話になったのは覚えています。

ちなみに、この「盛」は、盛田さんと京セラの稲盛和夫さんの盛。盛学塾が盛田さん、盛友塾は稲盛さんで、二人が交互に来て、弁当を食べながらいろいろな話をしてくれるという、今思えばとても贅沢な会でした。

盛田さんのところに持っていった私の着想をひとことで言えば、ユーザーが自分好みの楽曲を選曲し、それを自分好みの順番に編集し、それをCDにプレスできる、というビジネスでした。当時、音楽の録音といえば、カセットテープが主流。好きな曲をFMラジオなどから録音して編集し、それをカーステレオで聴きながらドライブするというのが、若者たちの間で流行っていました。「チケットぴあ」のシステムをベースにすれば、もっと進んだことをCDという新しい記録媒体で実現できるはずだ、と考えたのです。

より具体的に言うと、こんなイメージです。世界中の楽曲を集めた大きなデータベースを構築し、それと町の中につくられた〝マイCDスポット〟のような店をネットワークで結ぶ。顧客が録音したい楽曲、録音順のリストを持って店に行けば、その場でリクエスト通りにCDにプレスされるのです。これなら、FM放送に合わせて録音準備をする必要はありません。選曲も順番も、思いのままです。

そのアイデアをなぜ盛田さんのところに持っていったかというと、ソニーが、好きな音楽を自分でプレスしてCDをつくる技術を持った会社を買収した、という新聞記事を読んだからです。私のこの着想に関しては、すでにデータベースはNECが「うちがやる」と言い、ネットワークについてはNTTから「それはおもしろい」という反応をもらっていました。あとはCDのプリント技術があれば、成立するビジネスだったのです。

私の説明を聞き終わった盛田さんは、手元の紙にボールペンでグルグルグルグルと円を描き続けていました。「ソフト、コンテンツというものは、そうやってどんどん姿かたちを変えて、新しい商品になっていくんだよ」と。「ソニーとぴあで会社をつくって、この事業をやろう」と言ってくれました。

当時、盛田さんはソニーの会長だったので、最終的には大賀典雄社長にOKをもらう必要がありました。とはいえ、盛田さんのお墨付きをもらったのだから、ゴーサインが出たも同然。

そう思ってお会いした大賀さんはしかし、首を縦に振ることはありませんでした。CDが売れ始め、その量産に向けて日本にも海外にも工場をつくった。その償却が済んでいないから、というのが理由でした。次元の違う話なのにと思いましたが、会社の現状を直視する必要がある社長としては、仕方のない判断だったのでしょう。

でも、残念なことをしました。その話をしたのが、1987、8年くらいのこと。このビジネスがもし実現していたら、その後、必然的に「姿かたちを変え」、音楽のストリーミングサービス、サブスクリプションビジネスにつながったはずなのです。ちなみに、今それを世界で展開するスウェーデンのSpotifyが創業したのは、それからおよそ20年後の2006年でした。

今思えば、もう少し粘って説得していたら、などとも考えるのですが、まあ後の祭りです。ただ、そんなエピソードを思い返してみても、盛田さんのビジネス感覚というのは、やっぱり素晴らしかった。世の中の変化、ユーザーの心理的なことまで、よく考えていた経営者でした。

付け加えておくと、盛田さんは本物の映画好きでした。『ぴあ』を愛読してくれていて、私と会うたびに、「この前『ぴあ』を見て、どこどこの名画座で、あの映画を観てきた」というような話をしていました。

ある時、盛田さんが、「矢内君、アメリカで面白い映画を観てきたよ」と言いました。タイトルを聞くと、「プリティ・ウーマン」。まだ日本では公開されていなかったので、「どんな映画だったんですか?」と聞くと、盛田さんは、「これはね、アメリカが反省している映画だよ」と言うのです。

観た方はご存知のように、あの映画は、リチャード・ギア扮するやり手実業家と、ストリートガールのジュリア・ロバーツが恋に落ちるシンデレラストーリーです。映画のカテゴリーでいえば、ロマンチック・コメディー。

にもかかわらず、どこが「アメリカの反省」なのかというのは、日本で公開されたのを観に行って分かりました。映画の中で、リチャード・ギアが、老社長が経営する会社を買収し、分割して高く売ろうとします。「自分はそういう仕事をしている」と話す彼に、ジュリア・ロバーツが、「それって、盗んだ車をバラバラにしてパーツごとに高く売るのと一緒ね」と返す。そんな一幕があります。

例えばそんなシーンを観て、盛田さんは、「今のアメリカは、とにかく儲け第一。何でもお金に換算して、利益を出すということを最優先で考えている。そういうことを、一方で反省している映画なんだよ」と言ったのでした。

「プリティ・ウーマン」に、そんな感想を持った人を盛田さん以外には知りません。そういう感性も、多くの革新的な発明に結びついたのでしょう。

第4章

つまずいて、「理念」の大事さを知る

降って湧いた「クーデター未遂事件」

さて、半世紀も事業を営んでいれば、人間関係も幸運な出会いばかりではありません。ぴあの創業からちょうど20年が過ぎた1992年、私は一度、経営者をクビになりかかりました。恥を忍んで、お話ししましょう。

84年に首都圏でスタートした「チケットぴあ」は、予想通り多くのユーザーの支持を獲得して、86年に関西圏、88年に中部地区、90年には九州でもサービスを開始し、同時に各地域にぴあの拠点を設けました。一方、雑誌の部数も伸びていて、90年11月には、首都圏版『ぴあ』が隔週刊から週刊になりました。二つの事業が、相乗効果も発揮しながら順調に成長を見せていました。

ただ、社会的には、90年ごろを頂点にバブル経済の崩壊という大きな節目を迎えます。ぴあもその圏外というわけにはいかず、業績面では、徐々に影響を受け始めました。

私が、今でも思い出したくない出来事に見舞われたのは、そんなある日のことでした。信頼していた役員の一人がおもむろにやってきて、「社長、お話があります」と。「何だ?」と尋ねる私に、彼は、「辞任してください。これは役員全員の総意です」と告げたのです。

寝耳に水とは、このこと。何の前触れもなく、思い当たる具体的な理由もありません。しかも、「全役員の総意による辞任要求」です。事業方針をめぐって四面楚歌に置かれるとかいうのとは、わけが違う。まさに茫然自失というしかない状態でした。

当時、私は、創業以来のメンバーに加えて、役員として外部から様々なエキスパートを招き、新しいマネジメント体制を構築していました。お話ししたように、ぴあは業容を拡大し、それに伴って社員も増え続けていました。その中で、経営全般に求められる質的レベルも以前より高度なものが求められている、マネジメント力を補強しなくてはならない、と感じたからです。「事件」が起こったのは、そんな体制固め始めてから1年ほど経ち、いよいよ本格的に社内の改革に乗り出そうと考えていた矢先だったのです。

その数ヵ月前、私は、経理能力に長けた一人の役員に、翳りが見え始めた業績の分析と、その対応策をまとめるように指示していました。彼は、「そのためには、全役員と直接コミュニケートし、現実をつぶさに把握する必要がある。ついては、役員大部屋を作り、社長以外の全役員が集まって話し合いを行いたい」と言いました。「社長以外で議論したい」理由は、「やはり、社長がいると話しにくいこともあると思いますから」というものでした。

中で、どんな話し合いが持たれたのか、細部までは分かりません。数ヵ月後、「現状分析と対応策」の代わりに提出されたのが、「社長の辞任要求」だったわけです。「業績悪化の責任はすべて社長一人にある。社長が辞任すれば、会社はよくなる」と言われたも同然ですから、本当に驚きました。困ったのは、その理由や経緯を聞きたくても、役員たちと、もはや普通の会話が成立しない状態になっていたことです。

烈火のごとく怒った稲盛和夫

この状況を打開する方法はあるのか？ 結論が見出せず、思いあまった私は、京セラの稲盛和夫さんに相談することに決め、急ぎ京都に向かいました。

今年8月にお亡くなりになった稲盛さんとは、お話しした「盛友塾」でお世話になったのが最初でした。その後、若手経営者に経営哲学を伝える「盛和塾」が京都で始まり、それを東京でも立ち上げるという時には、「矢内君、東京の初代の世話人をやってくれないか」と声をかけられました。私にとっては、経営者の心構えを叩き込んでくれた先人であり、心の拠りどころでもある人でした。

京都には、教文館社長の中村義治さんが同行してくださいました。中村さんにしてみれば、長く面倒を見てきたぴあが心配で仕方ない、ということだったのでしょう。ただ、私の方は、心強いというより、情けなく、申し訳ない気持ちになるばかり。

稲盛さんがどんなことを言うのか、想像もつかなかったのですが、一連の経過を説明すると、即座に「それは、君の怠慢が引き起こしたことだ！」と、烈火の如く怒鳴られました。「いかに君が人を信頼して任せたとしても、その人間たち、しかも全員から解任を突き付けられたとしたなら、それは君の怠慢としか言いようがない。君の心に隙があったのだ。日頃からの君の努力が足りないせいだ！」と、大きな声で叱るのです。

生まれてこのかた、後にも先にも、あの時ほど激しく人から叱責されたことはありません。親にも言われたことがないくらい、それは厳しい言葉をいただきました。

そんな状況で、ショックを受けない人間はいないでしょう。しかし、稲盛さんは、私が憎くてそんなことを言っているのではないことも分かりました。あの稲盛和夫に真剣に叱られたことで、五里霧中だった私の心も、何か吹っ切れた感じがしたものです。

それにしても、その間、私の隣でじっと稲盛さんの言葉を聞いていた中村さんは、結果的に、京都まで私と一緒に叱られに付いてきてくれたようなもの。本当に申し訳なく、同時にそこまでしてくれたことに、あらためて感謝の気持ちでいっぱいになりました。

ところで、稲盛さんは、ただ私を叱り飛ばすだけの人ではありませんでした。なんとその後、ぴあの役員会にまで出席してくれたのです。そして、役員一人ひとりと話しながら、「社長の矢内君にも足りないところはたくさんあるが、会社経営はみんなで力を合わせて、心を一つにしてやっていかなくてはうまくいかない。社長を解任すれば済む話ではない」と何度も言ってくださいました。

結局、当時私を除いて11人いた役員のうち、7人が会社を去り、残った4人と私との5人で、新しいぴあをつくるための再スタートを切ることになりました。

あらためて知る経営哲学の大事さ

自分が辞任要求を突き付けられたこの話を、初めて公の場でしたのは、それから8年後の2000年に開かれた「盛和塾全国大会」でした。「経営体験発表」で最優秀賞をいただいたのですが、実は公表すべきかどうか、大いに悩んだのです。私の心にかさぶたのように残る、「触れられたくない過去」だったからにほかなりません。

辞任要求のエピソードだけはカットしようと思ったり、しかし、それでは事態の収拾に尽力してくれた稲盛さんや、話を聞いてくれる塾生のみなさんに対して失礼になると思ったり。そんな私の肩を押したのは、教文館の中村さんでした。どうすべきか相談すると、「いい機会じゃないか。こういうことは、いずれは自分から話して過去のことにしていかなければならない。そして、そのことで矢内君自身と、ぴあにとっての戒めにしていけばいいのです。それを稲盛さんの前で出来るのは、絶好のチャンスと考えなさい」と。それで踏ん切りがついたのでした。

振り返ってみると、あの大ピンチのさなか、稲盛さんの元に行き、厳しく叱られ、励まされ、勇気付けられなければ、その後の私とぴあはどうなっていたか分かりません。裏を返すと、稲盛さんには、そういうピンチを救う力がありました。その源泉が、多くの経営者が範とするその経営哲学にあることは、今さら私が言うまでもないでしょう。

例えば、稲盛さんは、著書「成功への情熱」の中で、「人間の成果は、熱意×能力×考え方の掛け算だ」と述べています。この「考え方」というものがいかに重要であるかということを、私は、この出来事を通して痛感させられました。

掛け算ですから、どんなに情熱があり能力の高い人でも、考え方がマイナスだったり、考え方の方向性が違ったりすると、結果的にはマイナスの成果しか得ることはできないのです。後に企業理念を検討する時にも、この「考え方」は、重要なポイントになりました。

そんな出来事のあった翌年の93年の決算で、ぴあは創業以来初の赤字を計上しました。原因は、社長以下全員の慢心にあった、というしかありません。それまでは、黙っていてもぴあは破竹の勢いで伸び続けていました。みんなそれが当たり前のことだと思ってしまったのでしょう。

しかも、世の中はバブル。ぴあは土地や株には手を出しませんでしたが、精査すれば、経費の無駄使いを指摘されても仕方のない状況でした。そういう気の緩み、心理的バブル現象が、収支につながっていったわけです。

もっとも、この時の決算は、合法的に黒字にすることも可能なくらいの内容で、むしろ社内の危機感を喚起し、社員に経費の使い方などについての意識改革を促すために、あえて出した赤字といってもいいものでした。世の中の注目度が想像以上で、「ぴあ初の赤字決算！」と新聞や雑誌に派手に書き立てられ、買収説まで飛び出したのには、ちょっと驚きました。

ともあれ、「危機感を持て」と煽ったところで、社員は動いてはくれません。意識改革を推進するための具体策として、私は、京セラの「アメーバ経営」の導入に踏み切りました。ご存知のように、これは稲盛さんが会社を大きく成長させる過程で開発した経営手法で、部門ごとに最終利益まで月次で出し、管理していくシステム。これにより、各部門の経営状況が「見える化」されます。

私の狙いは当たり、このシステムの導入によって、社員たち、特に中間管理職層の原価意識が、目に見えて高まりました。今までどちらかというと数字を感覚的に見ていた部長たちが、リアルに捉えることができるようになったのです。

経費の見直しが進み、それはやがて部門間の競争意識の高まりにもつながっていきました。「アメーバ経営」の導入は、経営管理における基礎的なシステムが出来上がったという機能的な面でのプラス以上に、そこに携わる社員たちの意識を変えるという面での大きな効果を生みました。業績も徐々に回復します。

雨降って、地固まる。「クーデター未遂」や赤字決算を経て、社内の改革は軌道に乗った。後はこの流れに従い、具体策を実行していけばいい。難事を脱した私は、そう感じていたのですが。

それからしばらく経った頃、稲盛さんに会って、「アメーバ経営」導入の成果について報告をする機会がありました。私の話を聞いた稲盛さんは、「それはよかった。次は社員みんなが一つにまとまるような企業理念が必要だな」と笑顔で言いました。

後から考えると、私はその言葉の意味をあまり深くは捉えていませんでした。というより、「企業理念」に対して、社是・社訓という毛筆で書かれた〝お題目〟を、額縁に入れて社員みんなに復唱させるもののような、ネガティブな先入観を持っていたのです。できればそういうことはしたくない、とさえ考えていました。しかし、その後、それがいかに思慮の浅いことだったのかを、私は思い知らされることになります。

走り続けてきた自分。ふと振り返ると……

95年頃のことだと思いますが、21世紀を目前にして、「ぴあの新しい戦略を考えよう」というチームを社内に設けました。「ＰＳ（ぴあストラテジー）21プロジェクト」と名付け、野中郁次郎教授という後に「失敗の本質」で有名になる一橋大学の企業戦略の大家に指導を仰ぎ、いろいろな話をしてもらいました。

まず、野中先生のレクチャーで、あらためて「なるほど」と思ったのが、「暗黙知と形式知」でした。「暗黙知」というのは、例えば職人の親方が弟子に、「俺がやっていることを盗め」というようにして伝授されるもの。しかし、例えば言葉も考え方も違うような人間が集まるアメリカで、それは通じない。新しい技術などを速く正確に共有しようと思ったら、言葉で「こういうことなんだ」と明確に表現する必要がある。それが「形式知」なのだ、という話です。

「日本でも、これからは形式知を取り入れていかないと、スピード競争には勝てない。ただし、いったん形式知を取り入れて技術の共有化が図られても、必ずまた新しい暗黙知が生まれる。だから、常にそれを形式知化するという作業が必要で、それを通じて、らせん状にそのスキルというものが共有化されていく。組織における知の伝達とは、そういうものなのだ」という話を、メンバーはみな納得の面持ちで聞いていました。

私は、それを早速会社に取り入れることにしました。社長ミーティングでの私の決裁については、必ずイエス・ノーの理由を明確にした「形式知化メモ」を作成し、公表することにしたのです。従来は、提案が通らなかった部長が戻ってくると、部員から「どうでした？」と聞かれ、「ダメだったよ」「なぜですか？」「今日は、社長の機嫌が悪くてさ」ということに、往々にしてなっていた。これでは次につながらず、社員の意気が殺がれるだけです。単なる議事録ではなく、社長決裁のポイントを分かりやすく示すのが、この「形式知化メモ」のミソで、これは今でも続いています。

97年、そうした「PS21プロジェクト」を踏まえて、一歩進んだぴあの21世紀戦略、具体的には出版、チケットに次ぐ第3のイノベーションの創出を目的に、社内の若手のピックアップメンバーで「ネクストプロジェクト」をスタートさせました。私としては、いよいよ将来を見据えた企業戦略構築の本番、というつもりでした。

ところが、その1回目のミーティングで、いきなり冷水を浴びせられることになりました。「21世紀のぴあを一緒につくっていきたい」とプロジェクトの目的を説明した私に、集まったメンバーたちは、口々にこんなことを言うのです。

「どんなに正しい戦略が構築されても、今のぴあでは実現できません」「社長はどこまでご存じか分かりませんが、社内の熱が冷めています。向いている方向は、みんなバラバラですよ」「我々が会社の未来を考えようと動いたりすることに対して、『よくやるよね』という目で見る社員も少なくありません」。これには正直、参りました。

一方で私には、「やっぱりそうなのか」という思いも湧き上がってきました。一心不乱に前ばかり見て走り続けてきましたが、「後ろ」のことが気にならないわけではありませんでした。勇気を持ってふと振り向いてみたら、しっかり付いてきている人間は、僅かしかいなかった。そんな感覚です。

「アメーバ経営」の導入などにより、確かに個々の目標は見えやすくなりました。しかし、もしかしたらそれが独り歩きして、「数字さえクリアすればいいんでしょ」という空気を蔓延させたのかもしれません。みんなでワイワイガヤガヤやりながら、創意工夫で新しいアイデアを形にしていくという「ぴあらしさ」を失ったら、彼らが言うように、どんな戦略も絵に描いた餅です。

1年半をかけ、企業理念を形に

私は、その場で「ネクストプロジェクト」の目的を変更することにしました。そして、メンバーたちに「21世紀戦略の前にやるべきことがあるのが、よく分かった。かつては熱気にあふれた社員がいっぱいいたのに、少なくなってしまったのはなぜか。どうやったらそれを取り戻すことができるのかを考える会にしたい」と提案したのです。集まっていたのは、かろうじてそういう「熱」を宿した社員たちでした。「それがいいと思います」と、みな賛同してくれました。

ぴあが「熱」を失いかけている原因について、メンバーからは、現場の実感が語られました。「昔は出版だけだったのが、チケットが加わり、さらにそれらに関連するセクションが増えて、今は隣にいる人が何の仕事をしているのか、みんな分からなくなっている」「そのように組織が大きくなって、そもそも会社全体がどこに進もうとしているのかというのが、見えないのではないのではないか」「結果的に、目の前のことをこなせばいい、という気持ちになっている」。

そんな話をするうちに、「やっぱり会社の掲げる理念みたいなものを、明確に定める必要があるのではないでしょうか」という意見が出ます。それに対して、私は、「僕はそういうのをつくりたくないと思って、ここまでやってきた。君たちが考える理念とは、どういうものなのか？」と率直に問題提起もしました。さらに議論を進めていると、野中先生からナビゲーターをバトンタッチされていた一橋大学の一條和生助教授が、おもむろに口を開きました。

「一つ申し上げておけば、企業理念というのは、日本の会社の専売特許ではありません。世界のエクセレントカンパニーといわれている会社は、みんな立派な企業理念を掲げているんですよ」。そして、GE(ゼネラル・エレクトリック)はこう、IBMはこんな内容、と丁寧に説明を加えてくれました。

一条先生の話を聞いて、まさに目から鱗でした。メンバーたちも、「そうなんだ」と確信を深め、社員が目標にできる理念を作ろうという方向に、一気に話が進んでいったのです。

では、どうやって、それを具体的な言葉としてまとめ上げていくのか？　メンバーの提案で、まず私の過去の講演やインタビューの記録から、理念に関するものを選び出し、コピーして回し読みすることから始めました。当然、「ここは社長のおっしゃっていることがよく分かりません」という話も出てきます。私は、それらの全てについて、納得が得られるまで説明することに努めました。

こうしたミーティングを、就業時間外に1回当たり最低3時間。私が同席したものだけでも数十回、さらに彼らだけのミーティングが数十回開かれたと聞いています。

そうやって、98年7月に発表されたのが、ぴあの企業理念「ぴあアイデンティティ（ＰＩ）」です。およそ1年半をかけた「ネクストプロジェクト」を中心とした策定作業の末、出来上がったものでした。

全社員に配られた小さな冊子には、「ぴあの理念」として、「ひとりひとりが生き生きと」という言葉が掲げられました。そこに込められたのは、「人生が感動と希望に満ち、それぞれの個性を十分に発露できている状態が理想。ただし、自分が生き生きできるためには、相手が生き生きとしていなくてはならない。ぴあの社員として、顧客が生き生きするための商品やサービスを開発・提供し、喜んでもらえてこそ、自分も生き生きできる」という考え方です。

同時に、そういう社員が支える会社は、『経済性』と『趣旨性』のバランスを取りながら、前に進んでいく」と宣言しました。「経済性」は物質的豊かさ、会社の利益です。一方「趣旨性」とは、企業活動を通して求めていく、「こうあるべきだ」という社会の理想についての考え方と言えばいいでしょう。

ぴあは「経済性」オンリーの組織ではない。さりとて、「趣旨性」に拘泥しすぎれば、企業として成り立たない。それらが、あたかも車の両輪であるかのように回転し、しかもその都度それぞれの直径が変わり、蛇行しながらよりよい方向に向かっていく、というイメージです。

相当の時間とエネルギーをかけて形にした企業理念でしたが、もちろん作ること自体が目的ではありません。メンバーからも、「私たちは、1年以上社長と向き合ってきたので内容を理解できていると思いますが、他の社員たちは必ずしもそうではないと思います。社員と直接話をすべきではないでしょうか」という進言がありました。

そこで、私自身も社長主催の「ＰＩサロン」を開き、グループ分けした社員全員と「ぴあアイデンティティ」について、徹底的に話し合いました。「ネクストプロジェクト」の初期の頃と同様、「この部分を理解するのは難しい」「社長の真意はどこにあるのか？」といった疑問をぶつける社員と向き合い、話をしました。第二部ではお酒も入り打ち解けた雰囲気の中で、逆に私の方からいろいろな質問を投げかけたりもしました。

そうやって、1年がかりで、当時375名だった全社員と対話することができました。中には、入社してから初めて社長と直接話をした、という人もいました。

さらに翌年からは、全社員を対象にした「PI研修」を行うことにしました。入社年度もセクションも違う混成チームが、1泊2日でぴあの企業理念について考え、討議するのです。社員たちは、「ぴあという会社が社会に存在している意義は、何なのか？」「社員である自分たちは、なぜぴあにいて、そこで何をしようとしているのか？」といったそもそもの話を、自由に語り合いました。

もちろん、それで全社員が100％企業理念を血肉にしたとは、言い切れないでしょう。でも、社員の間に「ぴあアイデンティティ」が相当程度浸透した、という手応えは感じることができました。

その状況を踏まえて、私はこの理念に基づいた新たな人事評価制度を導入することにしました。その人の成果、上げた数字だけではなく、仕事への意欲や「ぴあアイデンティティ」の理解度を評価の尺度に取り入れるというものでした。

もちろん、意欲や心構えというものを客観的に測定することは、難しい。私は、評価のポイントをできるだけ明確にして、曖昧さを排除することに腐心しました。「ぴあアイデンティティティ」に示されている事柄を、日常の仕事レベルでの具体的な行動指標50項目に置き換え、社員一人ひとりの達成指標としたのです。

この50項目の指標は、全社員にオープンにしました。人事評価は、その基準が不透明だと、評価される側に「被害者意識」が芽生えがちだからです。そして、社員が例えば「夢中になっている分野があるか」「世界一、世界初を意識して仕事をしているか」といった評価項目に沿って自己評価を行い、自分の仕事への取り組み姿勢を振り返ることができるようにしました。その結果と上司の評価を付き合わせ、最終的な評価を決めていく仕組みにしたのです。

お話ししたような経緯で、ＰＩがつくられ、25年ほどが経ちました。その間にもいろいろなことがありましたが、例えば２００８年に「チケットぴあ」が大規模なシステムトラブルを起こし、リストラまでやらなければならない状況になった時にも、持ちこたえられた要因の一つに、ＰＩの存在があったと私は思っています。

これは、私の想像も多分に混じるのですが、トラブルで売上が激減し、社内に「会社は元に戻るのだろうか」という不安が募る中、「自分はなぜぴあに来て、ぴあで仕事をしているのか？」という問いかけは、多くの社員の拠りどころになったのではないでしょうか。「経済性」だけを考えるのならば、いち早く転職先を見つけるのが合理的だったかもしれません。しかし、多くの優秀なメンバーが残り、ぴあの再建のために奮闘してくれた。「ぴあアイデンティティ」の小冊子に印刷された言葉の一つひとつが、そのモチベーションになってくれたのではないかと思うのです。

株主はステークホルダーのラスト

「ぴあアイデンティティ」の発表から20年後の2018年、今度は「ぴあコーポレート・アイデンティティー(CI)」の策定に着手しました。PIが社内にいる一人ひとりの考え方にフォーカスを当てた企業理念であるのに対し、CIは「器」であるぴあ株式会社のありようをしっかり言葉にしよう、というものです。フォーカスの対象は異なるものの、両者が不可分一体のものであることは、いうまでもありません。

この時期に、あらためてCIを作ろうと考えたのには、PIができてから20年という歳月も関係しています。その後、ぴあは株式の上場を果たし、会社の規模もさらに大きくなっていました。しかし、ぴあらしいクリエイティビティや営業力が発揮できているかというと、社長から見て歯がゆい状況も生まれていたのです。「ぴあとはどういう会社なのか」を見つめ直すことで、もう一度原点に返る必要性を、私は感じていました。

CIの策定に向け、PIの時と同様に社内のピックアップメンバーからなる「CIサロン」

というプロジェクトがスタートしました。

ミーティングでは、私は、あえてこれまで述べてきたような「昔話」をメンバーの前でしました。「会社としてのありよう」を言語化するためには、まずは創業者である私がここまでの体験で得たものをみんなで共有する必要があるだろう、と考えたからです。もしかしたら、私自身が気づいていない教訓が「発見」されるかもしれません。プライベートな話も含めて、できるだけリアルに伝えることを心掛けました。

ミーティングは、そういうふうに私を含めたものが、計15回。さらに1回のミーティングが終わると次のミーティングまでの間に、メンバーたちは2、3回の会合を挟んでいました。

そこでは、私の発言にあったキーワード、例えば「コミュニティ」という言葉をどう理解すべきか、といった議論を重ねていたようです。言葉の理解というものは、社長とメンバー、あるいはメンバー同士でも齟齬があったりします。それらを突き詰めて、次のミーティングでは、私に「こういう解釈で良いですか?」と確認したり、「このような言葉にしたほうが分かりやすいのでは」と提案したり。そういう繰り返しで、「サロン」での議論は深まっていきました。私にとっては、このメンバーが、ＣＩの最初の理解者でした。

嬉しかったのは、彼らがプロジェクトの途中から、理解者にとどまらず、この中身を社内全体にどう伝えていくのか、ということを意識して取り組んでくれたことです。ＣＩが出来上がった後、メンバーの一人がこんなことを言いました。

「PIの時は、『サロン』で社長自らが、全社員の疑問に直接答えるという講師役を務めました。でも、CIというのは会社のありようですから、社長におんぶに抱っこは違う。我々が他の社員に、あるいは上司が部下にというふうに、誰もが伝えていけるものでなければならない、と考えました。そのためには、例えば書かれているのが『社長の言葉』ではダメだ。我々が伝えられる言葉にするにはどうするか、とどんどん意識が〝わが事化〟していったんですよ」

この「CIサロン」の議論にも、2年ほどの時間をかけました。2020年12月に発表したCIでは、ぴあのあり方が10項目に凝縮して示されています。

PIのところで、「経済性」と「趣旨性」の話をしました。CIでも、ぴあ株式会社を全ての役員・従業員からなるコミュニティとして位置づけた上で、それは利益を上げるためではなく、自分や自分以外の人みんなを幸せにするためにあることを、あらためて提示しました。

このように言うと、茫漠とした「青臭い」話に聞こえるかもしれませんが、例えばCIには、ステークホルダー(企業の利害関係者)について、「ぴあは、ステークホルダーを、①ユーザー ②取引先 ③コミュニティ・メンバー ④地域・社会 ⑤株主の順番で考えています」と書きました。CIにこんなことを掲げる上場企業は、恐らく他にないでしょう。

「会社は誰のものか?」という問いには、「株主」と答えるのが、いぜんとして世の中の常識です。それについてあれこれ言うことは、ここではしません。ただ、ぴあは違うのです。株主のために1円でも多くの利益を上げるのが目的ではなく、そこにいるコミュニティ・メンバーたちが、常に「働くとはどういうことか」を考えながら、幸せを追求していく。もしかしたら、世間一般の認識とは少しズレているのかもしれませんが、それがＰＩ、ＣＩを通じて私が言いたかったことです。

付言すれば、我々は、決して株主を軽んじているわけではありません。ユーザーや取引先、そしてコミュニティ・メンバーが幸せになってこそ、ぴあは成長し利益を生み出すことができます。それではじめて、株主に適切な配分が可能になる。これは株主総会でも明言していることです。株主のみなさんには、そのことを理解してもらいたいし、実際にそういう多くの株主によって、ぴあは支えられてきたのです。

ＰＩとＣＩから生まれた、ぴあオリジナルの社内制度

ところで、このＰＩとＣＩは、社員の精神的な拠りどころや「行動指標」となっただけでなく、「ぴあならでは」のユニークな社内制度のベースになりました。いろいろあるのですが、そのうちの2つを紹介しておきたいと思います。

一つは、「全社員ぴあ株式無償給付制度」です。ぴあに入社して3年経った社員には、全員にぴあ株式会社の株式が300株、無償で給付されます。全社員に無償給付というのは、おそらく上場企業の中でも、ぴあが初めてだったのではないでしょうか。

もらった株式は、給付後5年経たないと売却できない、という制限付きではあるものの、当然のことながら、みんなで頑張って業績を上げれば株価は上がり、受け取る利益は大きくなります。頑張りが足りなければ、その逆。この制度を導入したおかげで、それまで日々の自社の株価動向にほとんど関心を持たなかった社員たちが、それを自分事として意識するようになりました。

社員たちは、自分たちの仕事を株価という形で実感し、励みにできます。それ以上に、当社の株主のほとんどを占めている「ぴあファン」の個人株主と同じ目線でぴあの経営に参加する。そういう意識を持てるのが、この仕組みの大きな意義だと考えています。

もう一つは、「職能制度」についてです。業績評価制度はどこの会社にもありますが、ぴあにはそれに加えて「仕事への意欲」を評価する制度があるのです。

簡単にいえば、個々の社員の職務意識の成長をステージ別に明示し、たとえ実績がまだ伴っていなくとも、仕事に対する積極的な意欲があれば、それを評価しましょう、というものです。業績自体には、時にはフロックでうまくいった、ということもあるでしょう。しかし、強い意欲というのは、ある意味普遍的なもので、それさえ持っていれば、時間がかかっても必ず成果を生み出すはず。そういう考え方が、根底にあります。

評価の基準となるステージごとの意欲のレベルは、社内でオープンになっており、新入社員が見ても、自分の目指すべき意識の成長の段階が分かるようになっています。

それぞれの社員の成長が、ぴあの成長を促す。ぴあの成長は、社会を豊かにし、それがぴあを豊かにし、ひいては社員個々人を豊かにする。そういうＰＩ、ＣＩの思想から生まれた制度なのです。

第5章

「上場は、PFFの継続が条件」

エンタメに特化した「ぴあ総研」

創業30年目を迎えた2002年の1月、ぴあは東京証券取引所市場第二部(当時)に上場し、新たなステージに立つことになります。この前後にもいろんなドラマがありましたが、それをお話しする前に、同じ年の10月に設立したグループ会社「ぴあ総合研究所(ぴあ総研)」について触れておきたいと思うのです。

ぴあ総研は、エンタテインメント分野に特化した専門性の高いシンクタンクで、「チケットぴあ」のシステムを通じて毎日集積される膨大な情報などを基に統計データをまとめ、定量・定性の両面から分析するとともに、それを広く公表することを目的に設立されました。単にデータを処理するだけでなく、初代所長の経済評論家の波頭亮さんをはじめ、ソニーの出井伸之さん、Jリーグチェアマンを務めた川淵三郎さん、作曲家の三枝成彰さん、実業家の佐久間昇二さん、ジャーナリストの筑紫哲也さんといった方々を顧問に迎え、文化と産業の両面から、先見性のある取り組みを行ってきたのも、特徴といえるでしょう。

ぴあ総研は、毎年「ライブ・エンタテインメント白書」の発行と調査・分析を受託しています。東日本大震災の後、年平均8・3%で成長し、2019年には6295億円規模になったライブ・エンタテインメント市場は、コロナ禍の直撃を受けて翌20年には1106億円と、8割を超える売上を失いました。21年には、コロナ禍前の半分程度の3072億円に回復しましたが、以前の水準を取り戻すのは23年以降、と総研は予測しています。

こうやって数字を並べると、新型コロナでエンタメ業界の被ったマイナスがいかに甚大なものであったのかが、分かっていただけるでしょう。しかし、ぴあ総研ができるまで、この分野に関してこのような正確な数字や分析を提示できるところは、存在しなかったのです。

これは、ＰＩの「趣旨性」にも通じるのですが、ずっとぴあのことばかり考えてやってきた私は、ある時からぴあという会社の社会性、客観性というものを強く意識するようになりました。ぴあ総研に関しては、私は最初から営利事業とは位置づけませんでした。その活動を通じて、エンタメ分野の社会的意義をより明確にし、社会の活性化に貢献する一つの産業としての確固たる地位を築くお手伝いをする。少し大げさかもしれませんが、そんな思いがあったのです。

同時に、雑誌『ぴあ』と「チケットぴあ」ができたことによって、エンタメ業界のマーケットサイズはどのくらい拡大したのだろうか？　ぴあ総研では、そのあたりをより明確にさせていきたい、という思いがありました。

上場のテーマの冒頭で、わざわざそうしたぴあ総研設立の話をしたのは、私にとっては、株式を公開して「社会的な存在」になるということが、それとつながるものだったからにほかないからです。

一度は「断った」上場

上場を意識し始めたのは、1984年に「チケットぴあ」のサービスを始める少し前、82年くらいのことだったと思います。直接のきっかけは、証券会社からのアプローチでした。その頃から、「ぴあがコンピューターでオンラインチケットサービスを始めるらしい」という噂が流れ始め、彼らの耳にも入ったのでしょう。会社にやってきた証券マンは、「そういう新たなビジネスを始める時こそが、上場のタイミングです」と言いました。

説明を聞きながら、「そういうものなのか」と思ったのですが、一方で、「上場すれば、社会的な役割を自覚しなくてはならなくなるんだろうなあ」という気持ちは、相変わらず私の中にありました。いずれにしても、私自身、上場についての知識がそんなに豊富だったわけではありませんでした。ならば、この際、証券会社の人にいろいろ教えてもらい、勉強するのも無駄ではないだろうとも考えて、話を進めることにしました。

実際、「上場するにはどういうことが必要なんですか?」というところから、話が始まったのですが、私には証券会社の人に一つ聞いてみたいことがありました。前にお話しした「ぴあフィルムフェスティバル」についてです。

「実は、当社はPFFというイベントをやっています。これは、利益を生んでいませんが、上場した後もちゃんと続けていけるのでしょうか？」。その質問に、目の前の担当者は、「いや、それは無理です」と即座に答えました。

「好きなイベントをやるのは結構ですが、もし赤字が出ているのならば、やめてください。上場ということになれば、新たに加わる株主のみなさんに少しでも多く配当の形で利益を還元することが、会社の役目になります。そういう自覚を持ってもらわなければ、困ります」とはっきり言うのです。

私は、他の証券会社何社かの担当者にも、同じ質問をしてみました。すると、みんな異口同音に「NO」という答え。理由も同じでした。私は、「矢内さん、上場の意味をあまりよく理解されていないのではないですか」とまで言われました。

名もなき若き才能を発掘して育てようというPFFは、まさに「趣旨性」の塊のような存在。しかし、それは「経済性」の邪魔になるだけだから、上場したら認められないのだ、と彼らは断じたことになります。

ぴあがPFFを捨てるという選択は、受け入れられるものではありません。上場は断念することを決めました。

「ぴあファン」の株主が大きなエールを

そんなことがあって20年は経っていたと思うのですが、ぴあは、再度上場にトライします。今度は、デジタル化に対応したシステムのバージョンアップのために、市場から資金調達する必要がある、という明確な目的を持っていました。

ただし、だからといってPFFを放棄するつもりはありません。ですから私は、証券マンたちに前回と同じ質問をしました。「上場しても、PFFは続けられますか?」と。すると、前回とはみんな顔触れが変わっていた各社の担当者は、こぞって「YESだ」と答えたのです。「利益を生まないのだけれど、いいのですか?」と聞く私に対して、彼らは、前とはうって変わって「こんなに素晴らしい活動を毎年継続してやってきている事例は、見たことがない」「上場した暁にも、ぜひ続けてほしい」と言いました。

ちょうど、企業の社会貢献活動が注目され始めた時期だったのです。それにしても、証券会社の人間たちが、社会的貢献や文化的貢献の重要性を口々に語るのを聞いて、たった20年で、世の中の価値観というのはこれだけ変わるものなのか、と驚かずにはいられませんでした。

もちろん、証券会社がぴあの上場に乗り気になったのには、当時の業績が非常に好調だったこともあったと思います。「チケットぴあ」と雑誌「ぴあ」がシナジー効果を生んで伸びていて、さらに成長が期待できる。その点には我々も自信があったし、彼らも「ぴあは上場するにふさわしい会社だ」と思えるタイミングだったわけです。

最初に述べたように、2002年1月、ぴあは当時の東京証券取引所二部に上場を果たし、翌03年5月には一部に市場替えします。

ところで、上場に際して私は、どういう人たちに株を持ってもらうのが良いのか、といろいろ考えをめぐらせました。ぴあには親会社があるわけでもないし、どこかのグループの傘下でもありませんでしたから、その点は全くフリーの立場で考えることができました。

そうやって出した結論が、「ぴあ」の読者と「チケットぴあ」の利用者にメインの株主になってもらうことでした。ぴあを利用してくれている多くの人たちに個人株主になってもらって、いっしょにぴあの未来をつくっていっていけたら理想的だ、と考えたわけです。

これも周囲の人に聞くと、「そんなことを考える起業家は、あまり聞いたことがない」と言われました。普通は、上場時の株主の選定については、証券会社に相談するのが普通です。彼らは、まとまった株数を企業や投資家などに持ってもらう、というやり方をします。上場する会社にとっても、プロに任せた方が、確実に高い株価が期待できるかもしれません。

しかし、私は、そういうことはやめてください、とお願いしました。ぴあの株は、上場益を手にしてどこかで売り抜けることを考えている投資家ではなく、ぴあを身近に感じてくれている「ぴあファン」に持ってほしかったのです。

その私の願いは叶い、1万人近いぴあのユーザーが株主に名乗りを上げてくれました。今でも株主数の90％以上は、そうした個人株主が占めています。

上場時には、新聞の全面を使って広告を出しました。「ぴあ」の表紙でおなじみの及川正通さんの描くアーティスト31組のコラージュが紙面を飾り、キャッチフレーズは、「感動とともに30年。」。ぴあならではの上場報告でした。

ところがそれから6年後、ぴあと個人株主の皆さんとの間には、大きな試練が訪れます。

忘れもしない、2008年1月。チケットシステムの大幅なバージョンアップをしたところ、あってはならないシステムトラブルが発生してしまいました。第6章で詳しく述べますが、そのことでチケットの発券ができなくなり、一気に業績が悪化するという最悪の事態となりました。

ところがその時、ほとんどの個人株主の方たちは、ぴあの株を売りませんでした。驚きましたし、ありがたかったです。

次の問題は株主総会です。ご存知のように、株主総会は株主の皆さんと直接に対面します。

株主総会は厳しく経営責任を追及される、大荒れに荒れる総会を覚悟して臨みました。

ところがいざ開催してみますと、株主総会は「ぴあ、頑張れ!」の大合唱でした。「こういう時にこそ、我々はぴあを応援するんだ!」「俺たちがついてるんだから、ぴあは頑張って早く再建してくれ!」と次々に発言してくれました。涙が出ました。こんなに嬉しかったことはありませんでした。どんなに大きな励ましと勇気をいただいたことか、計り知れません。

はからずも、ぴあファンの皆さんにぴあの株主になってもらい、一緒にぴあを育ててほしいと訴えていたことは、この時の大きなエールと力強いメッセージによって証明されました。このことは、私の生涯で決して忘れることはありません。

ぴあ版「もの言う株主」

そんな株主のみなさんが集う株主総会も、他の上場企業では考えられないようなエピソードに溢れています。ちなみに、当社は、一人でも多くの株主に来ていただくことを前提に、年に1回の総会を土曜日に開催するようにしています。

2013年の株主総会では、こんなこともありました。創業メンバーの一人である林和男さんが「勇退」することになり、退職慰労金を支払うことになりました。林さんは、雑誌『ぴあ』

の編集長を務めるなど、ともにぴあをつくり上げてきた同志です。ところが、総会でその提案をすると、「慰労金は高すぎるのではないか」と反対する株主がいました。

これに即反応したのも、他の株主でした。「林さんの会社への貢献を考えれば、この金額は妥当。安いくらいだと思います」と、我々の言いたいことを代弁してくれたのです。これも、「株主への還元」第一の株主総会では、ありえない光景でしょう。

最初に発言した人は、「林氏は、社長と衝突して辞めるのではないか」という憶測も口にしました。それに対しては、やはり別の株主が、「ああいう意見について、林さんからひと言お願いします」と、本人が肉声で語るようリクエストしました。それに促されて林さんが、「いつまでも創業者が音頭を取り続けているのではなく、次の世代に渡していくべきだと思ったので、辞めさせていただきます。社長には慰留されましたが、今回は私のわがままを聞いてもらいました。皆さんにも理解していただきたいと思います」と話すと、場内割れんばかりの拍手に包まれました。我々が考える以上に、個人株主のみなさんは、ぴあを身近な存在として思ってくれていたのです。

新型コロナの影響で、2年間は開催できませんでしたが、総会終了後には、会場の外のロビーで役員が株主のみなさんと交流の場を持つのも、恒例行事です。自分で言うのも気が引けるのですが、私の前には、タレントの握手会よろしく長い列ができ、一人ひとりと言葉を交わして、記念撮影に収まります。

こんなにまでしてぴあのことを思ってくれているにもかかわらず、ステークホルダーの中で株主の順位は最後の5番目。考えてみれば、ぴあは不思議な会社です。

余談ながら、そういうぴあのファン、苦しい時にも株を売らずにエールを送り続けてくれるような上場時からの長年の個人株主には、何らかの形で感謝の気持ちを示せないものか、といつも思うのです。今のぴあがあるのは、あなたたちのおかげです、と何かお返しがしたい。

ところが、「株主平等の原則」というものがあって、それはできないことになっています。20年の長期保有歴を持った株主であっても、1年の株主であっても、あるいは短期の売買による利益だけを目的とするデイトレーダーであっても、同じように対応しなくてはなりません。

デイトレーダーの人でも、ぴあの株を買ってくれるのはありがたいことなのですが、経済的な利益は二の次で長期保有してくれている応援団とは、感謝の意味が異なります。そのあたりは、もう少し柔軟に対応できないものか、と私は思うのですが。

第6章

システムトラブルで経営危機

チケットが発券されない!

1992年の「クーデター未遂事件」、2011年の雑誌『ぴあ』の休刊。創業から今日まで、辛い出来事はいくつかありましたが、私にとって最も悔やまれる「事件」といえば、これまでにも何度か触れた「チケットぴあ」のシステムトラブルです。

2008年1月1日。「チケットぴあ」は、この日の午前零時から、満を持して新しいシステムをリリースすることになっていました。従来システムのメンテナンス期間切れに伴い、サーバも含めた全面的なリプレイスを行うもので、興行の主催者や顧客のニーズ、さらにはデジタル技術の進歩に合わせて、様々なサービスを大量に追加するのが目的でした。ぴあにとっては一つの節目であり、私は大きな期待を持ってその日を迎えました。

ところが、従来のシステムから切り替えを行った瞬間、ユーザーが購入したはずのチケットが発券できない、という重大なトラブルが発生したのです。こういうタイミングでシステムトラブルが起こりやすいことは常識ですが、私は「対策に万全を期しているから大丈夫」という報告を受けていました。しかし、結果的には、全く万全ではなかった。

折も折、エンタメ界では「正月公演」が目白押しです。販売系の社員は、何百とあるそれらの会場に飛んで、「チケットを買ったのに出てこない」お客さんたちに、現場で対応することを余儀なくされました。

ぴあの電子チケットサービスを利用してチケットを購入したユーザーは、公演前にそれを紙で発券してから入場する仕組みになっています。ところが、システムのリプレイス前に購入されたチケットは、データとしてぴあのサーバに預かっているものの、発券できなくなってしまいました。そのため、該当するすべての公演会場に社員が出向き、一人ひとりのお客さんの入場のフォローをしなくてはならない事態になったわけです。社員にしてみれば、新年早々、武器も持たずに戦場に駆り出されたようなものです。

もちろん、社内も大混乱になりました。新システムは、いったん停止。1月5日にはなんとか再稼働させたのですが、あちこちにバグが出ていて、大規模な公演の複雑な販売方法には対応することができない状態でした。では、それをどう打開するのかについては、「部分的な改修を加えながら、徐々に稼働率を高めていくしかありません」という担当者の説明を、システム関係にはずぶの素人だった私は、「そうなのか」と聞くしかありませんでした。

しかし、当初「半月で」、「いや1ヵ月」と言われていたシステムの完全復旧は先送りを繰り返し、ようやく平常運転ができるようになったのは、数ヵ月先のことでした。そこから、抑えていた仕入れを戻し、新たなイベントの入力を開始して、チケットの売上が前年並みに戻ったのは、結局その年の4～5月頃になりました。この間、システムは動いても、トラブルを嫌って「チケットぴあ」を敬遠する興行主催者もいて、影響は拡大する一方でした。

チケットの取扱高は、1～3月期だけで前年比30％減に。当時、ぴあの売上は、チケット事業が全体の9割を占めていました。経営に与える影響がいかに深刻なものだったか、想像いただけると思います。

目の前でみるみる赤字が膨んでいく、という経験したことのない事態に見舞われ、このままいけば債務超過やむなしという状況に追い込まれた私は、そうなる前に手を打つことにしました。信頼できる他社の力を借りることにしたのです。

雑誌『ぴあ』の印刷会社だった凸版印刷には、第三者割当増資をお願いし、20億円の増資のうちの半分を引き受けてもらいました。また、当時は休止していましたが、セブン‐イレブンでチケット販売をしてもらったことがあるセブン＆アイ・ホールディングスとは、09年12月に資本・業務提携を行い、10年6月からは店舗での「チケットぴあ」サービスも再開しました。

社員の3分の1をリストラ

もちろん、お願いするだけでは、ピンチを乗り越えることはできません。まずは、ぴあ自身、いや私自身が失敗を総括し、立ち直るための道筋や姿勢を明確にする必要がありました。そもそもそれが示されなければ、第三者割当増資など引き受けてはもらえません。

極めて限られた時間の中で私が断行したことは、当時の正社員数310人あまりの3分の1に当たる100名規模のリストラでした。断腸の思いで希望退職者を募り、役員報酬のカットと併せ給与の減額をし、第三者割当増資をし、倒産を免れました。

システムトラブルは、「最も悔やまれる事件」だと言いました。それは、一緒に働いてきた多くの仲間たちを突然にして失うことになった辛い体験にほかなりません。

これは経営の失敗が引き起こした人災でした。ぴあを去ることで再建に協力することを決めた人たちも辛い決断をしましたが、残ることを決めた人たちも苦渋の決断だったと思います。そんな心中を思いやると、自分の不甲斐のなさも相まって、やりきれない思いでいっぱいになりました。

社員のリストラと同時に、経営体制の刷新も行い、10人いた取締役のうち6人が退任しました。そして、新たに社外取締役として当時WOWOWの相談役だった佐久間曻二さん、経営共創基盤CEOの冨山和彦さん、非常勤取締役として元NTTドコモ執行役員の夏野剛さんを迎えました。

冨山さんには、トラブルの半年ぐらい前に、「今度、チケット販売のシステムが新しくなります。それに合わせて、新たな事業戦略を考えたいので、力を貸してください」という話をしていたのです。ところが、ふたを開けてみたら、すんなり移行するはずのシステムがつまずき、新たな事業戦略どころか、ぴあの再建計画をお願いすることになってしまいました。

そうした事業戦略の策定をはじめ、思い描いていた新たなぴあの成長に向けてのアクションは、そこで足踏み。業績や社内の体制がトラブル前に戻るのに、最初は3年くらいを見込んでいましたけれど、結局5年を要しました。

責任は誰にあるのか？

トラブルが発生した直後から、私はどうしてそのような事態が発生したのかを検証しました。その結果、次から次へと「初耳」の事態が明らかになります。技術的なことの前に、ガバナンスやマネジメントの視点から、問題が多発していたことが分かりました。これは、経営がきちんと機能していれば、十分未然に防ぐことができた〝人災〟だったのです。

ひとことで言えば、リプレイスのタイミングまでに改修やプログラミングが間に合っていなかったのに稼働を強行した、というのがトラブルの原因でした。テスト段階で多くのバグを確認していたシステム開発の現場は、リプレイス予定の前から、アルバイトや嘱託などの臨時雇用の人たちも含めて、「このままでは、稼働と同時に問題が発生するかもしれない」という認識を持っていました。ところが、そういうメンバーが必死に「リリースの延期」を社員に訴え、さらにそれを聞いた社員らが何度もそのことを上に説明したものの、そのたびに跳ね返され、「予定通りの準備続行」が命じられていました。そして、その会社にとって最高レベルの重要情報が、私のところには届きませんでした。

現場の訴えを無視して、システムの稼働を強行した人間の責任は、重大です。しかし、もっと大きな責任は、トップの私にありました。そういう組織、ガバナンスの体制をつくり上げたのは、この私です。そのせいで、数多くの社員をリストラせざるを得ないような状況を招いたのですから、「自分は知らなかった」という言い訳は通用しません。

責任という点でもう一つ痛感させられたのが、自分がシステムに関して全くの素人だ、という弱点でした。図らずもこの事態で明らかになったように、ぴあのような会社にとって「チケットぴあ」を中心とするコンピューター、ITのシステムは、ある意味で経営の屋台骨です。それが想定通りに稼働し、想定通りの収益を上げてくれなければ、経営は成り立ちません。システムの構築には莫大な投資が必要で、そのやり方によっては会社の命運を左右することにもなるでしょう。

特にIT系の企業では、そうしたことを、細部も含めて自ら決断していくトップがいます。

しかし、残念ながら私はそうではありません。経営の判断として、他のことがらであれば大きくは外さない自信はあるのですが、システムに関しては、正直限界を感じざるを得なかったわけです。

とはいえ、今さらシステムの専門家になるのは難しい。私のような素人が、システムの開発やスムーズな運用を実現するためにどのようにマネジメントしていくべきか。それは、この「08年危機」以降、私にとっての大きなテーマになりました。

危機を乗り越え、ぴあは強くなった

ところで、トラブル発生直後から顧客対応に駆け回り、その後も会社に残って、今は幹部の一人になっている人間に、ある時「実際、当時の社内はどんな感じだったのだろうか?」と聞いたことがあります。彼は、「大変なことになったけど、こうなったらみんなで乗り越えるしかない、という空気が現場には漲っていましたね。少なくとも僕のまわりで、文句を言ったりする人間は、誰一人いませんでした」と話してくれました。私自身の体感と変わらなかったことに、私は安心しました。

あの出来事から15年ほどが経ちましたが、これも負け惜しみではなく、最大の危機を経験して、「ぴあは強くなった」と私は総括しています。前に、危機を乗り切れたのは、議論を尽くしてつくり上げたPI(ぴあアイデンティティ)があったから、という話をしたと思います。一人ひとりが「ぴあで働くとは、どういうことなのか?」という自問自答の末に、今の苦しさを忘れることなく、ぴあの再建に向けて頑張っていこう、というポジティブな気持ちになってくれました。突然、仲間を3分の1も失いながら、その思いも背負いつつ、もう一度ゼロからやり直そう、と前を向いてくれたわけです。

実はぴあは、今現在、次世代システムの構築に取り組んでいます。システムトラブルの当時、部長、副部長だったような社員は、今は役員クラス。その下で再建に向けて走り回ったメンバーが、システムづくりの主力になっています。当然、「前回の轍は踏まない」ということを、みんなが肝に命じて取り組んでくれています。

具体的には述べませんが、「経営トップがシステムに詳しくない」という課題を組織的に解決する仕組みもつくりました。システムの問題に限らず、重要案件については、いいことも悪いことも現場で起きていることをトップにそのまま伝えよう、という気風が生まれたことも、大きな前進だと感じています。

ともあれ、ぴあにとっても私にとっても教訓となる、いやそうしなければいけない出来事でした。

第7章

『ぴあ』を休刊、アプリ版『ぴあ』を創刊

39年の歴史に幕を引く

言うまでもなく、会社の事業は外部の環境に大きな影響を受けます。時代に対応、できれば先取りしてモデルチェンジを図っていくのが理想。とはいえ、頭では分かっていても、それを実行するのは簡単なことではありません。

雑誌『ぴあ』、そして「チケットぴあ」という世の中にないものをつくり出し、走り続けてきたぴあが、初めて事業からの「撤退」を実行したのは、2011年7月のことです。創業からの事業の根幹だった情報誌『ぴあ』を休刊。紙媒体としての使命を全うしたと判断し、1972年の創刊以来、39年の歴史に幕を引いたのです。背景には、急速なインターネットの普及がありました。

『ぴあ』は、隔週刊だった80年代後半に、東京だけで50万部、関西版、中部版を合わせると100万部を売り上げていました。雑誌で100万部というのは、ちょっとない数字です。90年に週刊になってからは、東京で30万部、年間にすると1440万部、3版合計では年間2000万人くらいの読者を持つ巨大メディアとなっていました。

編集の経験ゼロ、書籍流通の知識もないような素人集団が、1万部の印刷(しかも8000

部は売れ残り）からスタートし、大手出版社の人気雑誌を凌ぐような実売部数をたたき出しました。客観的にみて、一つの時代を創ったということになるのかもしれません。

しかし、一人が1台パソコンを持ち、やがて携帯電話が普及して、そこで手軽にネット情報を閲覧できる時代になると、情報誌をめぐる環境は一変しました。特にスピードという点で、インターネットには太刀打ちできないことが明らかになったわけです。

雑誌『ぴあ』の売上数字が、右肩下がりに落ちてくる。もし出版部門が赤字になり、それをそのまま抱え続けていったら、会社はどんどん沈むばかりです。ならばどうするかということが、経営のテーマとして、ある時期から顕在化しました。誰しも「悪いこと」は考えたくないものですが、そこから逃げていては、経営はできません。

黒字で決断した休刊

実は、私が休刊しようと決めた時、『ぴあ』はギリギリではありましたが、まだ黒字を保っていました。それにもかかわらず休刊した理由は、単純明快。我々が何か努力や工夫をしたら、部数の減少が止まって回復に転じることができるのであれば、必死で耐えたでしょう。しかし、その可能性は考えられませんでした。ならば、「黒字のうちは」などと未練がましくしがみつくのではなく、早めに撤退して次のことを考えるのが、経営者として当然の判断であり、会社や社員に対する責任だろう、とも思いました。

ただし、経営の判断と現場の気持ちが、常に一致するとは限りません。「『ぴあ』をやめます」という決定は、メッセージの仕方を間違えると、社内がかなり大変なことになるかもしれない、という警戒心を私は抱いていました。少なくとも、雑誌の編集にかかわるスタッフたちの抵抗は、避けられそうにない。そのことは、自分が編集をやっていただけに、よく分かります。雑誌の編集に携わっていたら、いろんな意味でやめられません。「休刊？　ちょっと待ってくださいよ」という騒ぎになるに違いない……。

そこで私が考えたのは、あれこれ手練手管を弄したりせず、これもシンプルに「創業者・矢内の決断」として、正面から現場も含めた社員に伝える、ということでした。実際、これは誰かに進言されたとかいうのではなく、自分自身による「苦渋の決断」でした。最終的には、「雑誌をつくり上げた張本人が『やめる』というからには、それなりの理由と決心があるのだろう」と、理解してもらうしかない、と思ったのです。

「雑誌『ぴあ』を休刊します」という発表は、やはり社内に一定の動揺を生みました。ただ、当初心配していたような大きな混乱は起こらなかったのも事実。多くの社員は、「ついにこの日が来たか」という受け止めだったのかもしれません。まあ、これは私から見た感覚で、現場の一人ひとりがどうだったのか、細部まで知る由はなかったのですが。

一方、中には、こんなことを言う社員もいました。「雑誌の数字が落ちていることには、正直危機感を覚えていました。でも、社長にとって『ぴあ』は子どものようなものだから、このままズルズルいくのかなあ、と。休刊にするという話を聞いて、思い切って決断をしたのだなと感じました」。

「『ぴあ』が子どものようなもの」というのは、まさにその通り。50年を振り返ってみても、私にとっては、システムトラブルの余波で従業員のリストラを断行せざるを得なくなった時に次ぐ、辛い出来事でした。

みんなに惜しまれ、ページを閉じた『ぴあ』

雑誌をやめる背景にインターネットの急速な普及があった、と言いました。しかし、私には、『ぴあ』がネットに一方的に駆逐された、あるいは出版不況の波に飲まれて退いた、というような感覚は、あまりありませんでした。

繰り返しになりますが、情報に軽重をつけず、情報発信者と読者、あるいは読者間が〝フラット〟で、相互のやり取りも可能な『ぴあ』は、1972年からずっとネットの世界観を持って存在してきたわけです。あの時代にＡｍａｚｏｎやＧｏｏｇｌｅが日本に来ていたら、やっぱり『ぴあ』を作っていたのではないかと言う人がいるくらい、時代を先取りしていたのかもしれません。

ですから、「時代の役割を全うした」というのは負け惜しみでも何でもありません。メディアもそういう我々の思いを理解して、とても好意的に「『ぴあ』休刊」のニュースを報じてくれました。

それにしても、休刊に際しての「外の反応」も、我々の想像を超えるものでした。発表自体は２０１１年の４月、あの東日本大震災の直後というタイミングだったわけですが、普及し始めていたＴｗｉｔｔｅｒに寄せられたつぶやきは、およそ1万件。そこには、「ショック」「やめないで」「ご苦労さま」などの言葉が溢れました。直接声をかけられたものなども含め、「自分の青春は、『ぴあ』とともにあった」という思いを秘めた人がこんなにたくさんいたのか、と私は驚きました。

エンタメ業界の人たちも、いろんなコメントを出してくれました。社会学者などの専門家まですが、「『ぴあ』の時代」を一つの社会現象として語っていたことも、意外な感じがしたものです。

その年の7月21日に発売された「最終号」は、表紙に「39年分の感謝を込めて。最後はオールスター総登場でにぎやかにお届けします！」とキャッチコピーを掲げ、75年から担当した及川正通さんの表紙のイラストギャラリーや、そこに登場した人物のインタビューなども盛り込みました。当然、売れに売れて、39年の歴史で初めての増刷。普通、雑誌に増刷はありません。まことに『ぴあ』らしい終わり方でした。

『ぴあ』が育んだコミュニティ

しかし、経営者としては、「辛い別れ」で終わりにするわけにはいきません。私には、収益の柱を一つ失うというのとは別の懸念もありました。

メジャー情報もマイナーなものも同等の扱い、なおかつ情報の送り手と受け手である読者が〝フラット〟。そういう、それまでになかった特徴を備えた『ぴあ』は、当時の若者の支持を受けて爆発的に部数を伸ばしただけでなく、いつしか我々と読者、そして読者同士に、ある種の仲間意識のようなものを芽生えさせました。決して作り手が意図したのではありません。『ぴあ』というプラットフォームが育んだコミュニティというしかない、不思議な世界です。

そこには、例えば「『ぴあ』に頼めば、何とかしてくれるのではないか」という空気感がありました。ですから、「もあテン」映画部門の投票でスタンリー・キューブリック監督の「２００１

年宇宙の旅」にエールを送り続け、ついには日本でのリバイバル上映が決まった時(それが本当に『ぴあ』の功績だったかどうか、確かなエビデンスはないのですが)、読者は「『ぴあ』のおかげ」「自分たちが映画会社を動かした」と、大いに盛り上がったわけです。

『ぴあ』を読んでいた方は、ページのサイドに掲載していた「はみだしYOUとPIA」、略して「はみだし」を覚えていると思います。余白に収まる基本1行分の字数で、くすっとさせる発見や告白、お知らせなどを投稿する。面白い投稿には、別の読者からリプライがあり、やり取りが延々続くようなこともありました。内容や様式、字数制限があるところまで、これはまさにTwitterの先取りだったと言っていいでしょう。

裏話をすれば、あのコーナーは私の発案で生まれました。もともとは試写会の応募ハガキの余白に面白ネタを書き込んでくる人が結構いて、編集部の壁に貼り出してみんなで笑い合っていました。でも、「傑作」を内輪ウケで終わらせてはもったいないと考えて、雑誌に取り込んだのです。

そのうちに、「はみだし」も独り歩きを始めました。例えば、読者が勝手に「似て非なるものシリーズ」「絶対あり得ないものシリーズ」などというコーナーを作って、そこで面白さを競い始めたのです。常連投稿者には「はみだしスト」という称号ができました。そうかと思えば、投稿を通じて知らない者同士がバンドを組むことになったり、あるいは出会って結婚したりするカップルまで出現したり。「はみだし」は、現代のマッチングアプリそのものでもあったわけです。

少し説明が長くなりましたが、初めに言った私の懸念というのは、雑誌をやめることで、そういう『ぴあ』の周りにあるコミュニティが丸ごと失われてしまうのではないか、ということでした。それはただ寂しいだけではなくて、会社にとっても大変困ったことでした。

ぴあが成長できたのは、雑誌の情報発信力や「チケットぴあ」の便利さが若者を中心に広く受け入れられたからにほかなりません。ただし、それだけではないだろうと私は感じていました。説明したような不思議なコミュニティの力が、ぴあを支え、後押ししてくれる大きなエネルギーになっていたことも、疑いようがないのです。

それを失ってしまえば、将来にわたってぴあが新しい事業に乗り出そうとした時、思わぬウィークポイントになるかもしれません。読者と一体となったコミュニティが消えることで、社内から「ぴあらしさ」が殺がれるのも気がかりでした。

そんなことを思いつつ、雑誌『ぴあ』の休刊からほどなく、私は新たなメディアの開発に向けた社長直轄のプロジェクトチームを立ち上げました。雑誌編集に携わっていたメンバーを中心に編成されたチームの使命は、ひとことで言えば、雑誌の使い勝手をネット上で実現することにありました。

雑誌がインターネットという新しい技術に取って代わられるのが時代の流れであるならば、それに抗っても仕方がない。だったら、インターネットで『ぴあ』をつくろう、と考えたわけです。

アプリ版『ぴあ』で、Ｇｏｏｇｌｅにできないことを

この時着手した開発は、後述するような山あり谷ありの経緯の後、18年11月リリースのアプリ版『ぴあ』に結実します。このアプリ版『ぴあ』も、実は「世の中になかったもの」なのです。情報提供、ユーザーからすると情報検索のやり方、まさに使い勝手が、既存のポータルサイトと『ぴあ』とでは、全く異なるからです。

あらためて説明するまでもなく、Ｇｏｏｇｌｅは「ワード検索」です。例えば、映画「トップガン」を観たければ、「トップガン　映画館」などと入力すれば、いつどこで上映されているのかが、ざっと表示されます。検索のターゲットが決まっているのなら、こんなに便利なものはありません。ただし、ググるためには、あらかじめ「何を観たいのか」を決めておく必要があります。

他方、かつての『ぴあ』の読者の多くは、それとは違いました。ページをパラパラめくりな

がら、「今度の休みの日には、どこで何をやっているのだろう?」という使い方をしていたのです。

『ぴあ』の最終号に、作家・演出家の鴻上尚史さんが寄せてくれた「『ぴあ』という奇跡」と題したメッセージの中に、こんな一文があります。

「一カ月という時間の中で、あの当時、僕たちは何度も映画や演劇のページを読み返しました。そして、『ぴあ』がなければ出会わなかった作品、興味を持たなかった作品、そもそも知り得なかった作品と、沢山アクセスできたのです。/時代は移り、インターネットで情報を手に入れるようになった僕たちは、自分の目当てのもの、自分の興味のあるものしかアクセスしなくなりました。いえ、できなくなりました。かつての『ぴあ』のようなシステムで映画や演劇を紹介しているネットのページはありません。」

まさにおっしゃる通りで、Ｇｏｏｇｌｅに『ぴあ』と同じことはできないのです。そういう「あいまい検索」の可能なことこそが、『ぴあ』の本領と言っていいでしょう。

プロジェクトで目指したものは、端的に言えば、「あいまい検索」をネット上で実現することにありました。一見便利なＧｏｏｇｌｅ検索に、物足りなさを覚える人はたくさんいるだろう。ニーズは確実にあるはずだ、と私は思いました。

とはいえ、これは、単純に雑誌の中身をネットに移せばＯＫ、というような簡単な話ではありません。例えば、雑誌のページを繰るという行動で満たしていたニーズを、スマホの操作に具体的にどう落とし込んでいくのか。アイデアは尽きないのですが、形にしなければ、使ってはもらえません。

15年には、一度リリース寸前まで行ったものを、「新しさが足りない」と白紙に戻す〝ちゃぶ台返し〟もありました。そんなことも含めて、アプリ版『ぴあ』の開発には、想定以上の時間がかかりました。

「ぴあなら成功できる」と言った、たった一人のプロ

そもそもの話をすれば、私がそういう構想を胸に相談に行った、いわゆるインターネットのプロフェッショナルといわれている人たちは、当初こぞって否定的な意見を口にしました。例えば、「矢内さん、ネットでメディアをつくるなどという発想は、もう古いですよ」という言い方をしました。要するに、「ネット検索については、Ｇｏｏｇｌｅで完結です」と言っているわけです。

アプリ版の開発は、雑誌の編集メンバーを中心に進めてきたと言いました。これについても、「インターネットの技術も分からない人間が、これから新しいサイトをつくるなんて、無

理に決まっているでしょう」とみんなが反対です。それは、「世の中にないもの」をつくろうとすると、必ず起こる拒絶反応のようにも感じられました。

そんな中、唯一と言っていい例外が、経営共創基盤の共同経営者・マネージングディレクターの塩野誠さんでした。ぴあの社外取締役をしてくれていた、当時同社の代表取締役ＣＥＯの冨山和彦さんに、「こういう新しいアプリをつくろうと考えているのですが、誰か相談できる人はいませんか？」と言って、「それならば」と紹介してもらった人です。「ただし、ネットビジネスについて彼に相談に行くと、99％『そんなものできない』と、頭ごなしに否定されるのだけれど」と、冨山さんは付け加えていました。

ところが、会いに行った塩野さんは、私の説明を聞き終わるなり、「ぴあなら、エンタテインメントの新しいアプリがつくれるのではないでしょうか」と言いました。理由を尋ねて返ってきた答えは、次のような、とても興味深いものでした。

インターネットサービスは、突き詰めると、どれだけ安いコストで運営できるかが勝負なのです。ネットの場合、ユーザーにリーチするためのコストは知れている。クオリティの高いコンテンツさえあれば、勝手に全世界に広がっていきます。問題は、そういう中身がコストをかけずにつくれるのか、です。

その点、エンタメに関するアプリの開発には、ぴあに大きなアドバンテージがあります。例えば、エンタメ業界、芸能界の有名人を、ぴあであれば比較的低コストで、多く起用できるでしょう。同じ発想を持ったベンチャーがいたとしても、その部分のコストがネックになって、事業化は無理です。「ぴあなら成功する」というのは、そういう意味なのです――。

この塩野さんの分析に、「我が意を得たり」と、大いに勇気づけられたのは、言うまでもありません。

それこそ頭ごなしに、「インターネットを知らない人間には、アプリの開発など無理だ」と断じるプロたちの意見を、私は「技術はプラスアルファの話だろう」という感想を抱きながら聞いていました。問題の本質は、あくまでもぴあがユーザーに何を届けるのか、どんな夢に応えるのか、ということであり、ネットはそのツールに過ぎないはずなのです。

そんなところからスタートし、ユーザーへのリサーチや試作を繰り返して開発したアプリは、日付や場所を指定すれば、そこで観られる作品や公演などがジャンル横断的に表示される「あいまい検索」を可能にしました。各ジャンルに精通した評論家などの「水先案内人」が計100人近くいて、そういう人たちの「お勧め」を参考にすることもできます。つまり、自分で選びたいものとピックアップされたものの両軸から、情報を検索できるように工夫されています。

さらには、好みの映画監督や俳優、あるいは今の「水先案内人」などを「ごひいき登録」したりすることで、自分だけの『ぴあ』がつくれるパーソナライズのサービスも追加されました。こうした使えば使うほど「自分だけの『ぴあ』」になっていく機能は、今後さらにブラッシュアップされる予定です。

もちろん「チケットぴあ」と連動していますから、気に入ったものがあれば、その場でチケット購入できるのもメリット。例えば映画の上映スケジュールから、各映画館のチケット購入サイトに遷移して、座席の購入をするようなこともできるようになっています。

このように、ある意味、雑誌ではできなかったサービスも盛り込んだアプリ版『ぴあ』ですが、実のところ、私にはさらに一抹の不安がありました。ニーズがあるのは間違いないのだけれど、もしかすると、それは雑誌『ぴあ』に慣れ親しんだ世代、今なら中高年がコアで、ググるのが普通の若い世代には振り向いてもらえないのではないか、ということです。ですから、アプリの開発では、「あいまい検索」の思考パターンを持たない世代に、どうやってアピールしていくのか、というのも重要なテーマになったのです。

結果的には、本格スタートの半年ほど前にリリースしたテスト版の分析結果を見て、私の心配は杞憂であることが分かりました。ユーザーの年齢分布をみると、半数を20代や30代が占めていたのです。ネット時代の若者たちにも、雑誌『ぴあ』のような検索の仕方が有用だと感じてもらえることが分かり、安堵するとともに非常に嬉しく思いました。

アプリ版『ぴあ』は、22年10月には、150万ダウンロードを突破しました。説明したように、より「使える」メディアとするために、機能の改良などは、現在進行形です。本格的な事業化、収益化という点では、まだ発展途上のステージにありますが、ぴあコミュニティの育成を含め、ぴあの将来を担う柱に成長してくれるのではないか、と私は大いに期待しています。

第8章

五輪、ワールドカップの成功に貢献

「私たちがオリンピックのチケットを売るのですか?」

ぴあは、国内のエンタメイベントのチケットを取り扱ってきただけではありません。意外にご存知でない方も多いのですが、2021年の東京オリンピック・パラリンピックをはじめ、日本中が熱狂したサッカー、ラグビーのワールドカップ自国開催の際に、その観戦チケットの販売を一手に引き受けたのも、ぴあでした。ただし、これらも一筋縄ではいかない「ドラマ」の連続だったのです。

ぴあとスポーツの国際大会とのかかわりは、21年の東京五輪から遡ること23年、1998年に開催された長野冬季オリンピックに始まります。我々は、同大会の「オフシャルサプライヤー」に名乗りを上げ、この時、初めての経験に挑みました。

今でもはっきり覚えているのですが、私が社内で「長野オリンピックのチケットは、ぴあが販売する」と〝宣言〟した時、社員は一様に驚き、「え?」という表情をしました。顔には、「オリンピックのチケットを、私たちが売れるんですか?」と書いてありました。当時の社員たちにとって、国家レベルのイベントに自分たちが関与するなど、想像もつかないことだったのでしょう。

しかし、私に言わせれば、84年の「チケットぴあ」のスタートから、すでに14年が経っていました。国内のありとあらゆるエンタメのチケットをオンラインで売ってきて、ノウハウも蓄積していました。このシステムを活用すれば、必ずできる。というより、私は、「チケットぴあ」を使わないで、どうやってオリンピックのチケットを捌くのか、昔と同じようにプレイガイドに切符を置いて売るんですか、くらいの気持ちでいたのです。

ただし、座して待っていてもそれは実現できません。ぴあが長野オリンピックのサプライヤーを担うために、私は積極的な働きかけを行いました。

個人的には、政治家と付き合ったりするのは極力避けてきたところがあるのですが、この時には、元首相で長野県選出の国会議員だった羽田孜さんに相談し、大会組織委員会事務総長の小林實さんを紹介してもらいました。小林さんは、自治省(現総務省)の事務次官だった人です。会ってみると気が合って、話はわりとスムーズに進みました。

「自分たちにできるのか」から始まったオリンピックのチケット販売でしたが、やがて社内に専門のチームが組まれ、準備は具体化していきました。こうして96年暮れ、「チケットぴあ」のシステムを使って、観戦チケットが発売されます。

史上最高の販売率をマークした長野冬季五輪

ところが、チケットは思うように売れませんでした。72年の札幌大会以来、26年ぶりの日本開催とはいえ、やはり冬季オリンピックというのは、いまひとつ盛り上がりに欠けるところがありました。

数ヵ月後に開催が迫るのに、チケットが大量に余っているという状況を受け、大会組織委員会からぴあに、「何とか状況を打開できないか」という打診がありました。そこで、いろいろ考えた末、思い切って集客のターゲットを地元に絞ることにしました。今までと同じやり方で観戦を呼び掛けても、これから雪深い信州に全国から客を呼ぶのは難しいだろう、と判断したわけです。

我々は、人通りの多いJR長野駅前に、大規模なチケット販売ブースを構えることにしました。そこに「チケットぴあ」の端末を引き、観戦チケットの販売を始めたのです。

注目度は抜群。狙い通り、地元の人たちが次々にやってきました。しかし、やっぱりチケットは売れませんでした。来る人来る人、「ジャンプのチケットはありますか?」「スピードスケートは?」と尋ねます。でも、そういう人気競技は、すでに売り切れていました。「いや、ありません」と言うと、「そうですか」とみんな踵を返して行ってしまいます。

結局、「これはまずいなあ」という状況のまま、本番を迎えざるを得ませんでした。ところが、そんな我々の前に、願ってもない救世主が現れました。スピードスケートの清水宏保選手です。大会序盤の男子500メートルで見事に金メダルを獲得。これで、一気に火がつき日本中が沸き返りました。

チケットブースは大盛況になり、今度は「何でもいいからチケットが欲しい」と。お年寄りもずいぶんいらっしゃって、「冥途の土産に、郷土に来たオリンピックを見ておきたい」と言って、チケットを買っていく人もいました。そんなふうに、ムードがいっぺんに変わることを予想していたわけではもちろんありませんが、結果的に駅前に地元の人向けのブースを設置していたことが、「潜在ニーズ」の獲得に結実しました。

終わってみれば、冬季オリンピック史上最高の88・9％のチケット販売率を達成。赤字予想だった長野オリンピックの大会運営費は、黒字になりました。

大会終了後、当時のＩＯＣ(国際オリンピック委員会)のサマランチ会長とお話しする機会がありました。会長は、「長野オリンピックが成功したのは、ぴあのおかげだ」と言ってくれました。チケットの販売率を踏まえた労いの言葉だったと思うのですが、感激したことはいうまでもありません。

サッカーワールドカップ日韓大会はアナログ販売

それから4年後の2002年、今度は日韓共催のサッカーワールドカップが開かれ、そこでもチケット販売に携わることになりました。ワールドカップのチケットは、主催国に割り当てられた分はその国の業者が売り、それ以外の海外分についてはFIFA(国際サッカー連盟)が指定した別の業者が販売する、という仕組みになっています。長野オリンピックの実績もあって、日本国内のチケット販売については、わりとすんなりぴあの受託が決まりました。

日韓を除く海外分の販売を任されたのは、イギリスのバイロムという会社でした。こういう商売をしていますから、チケットをビジネスにしている会社は、だいたい知っているつもりでしたが、我々には聞いたことのない社名でした。そこで、いろいろと調べてみたところ、イギリスの旅行代理店であることが分かったのです。どうして旅行代理店がこういう権利を持つのだろう、と不思議な感じがしたものですが、この時抱いた違和感は、後々「正夢」になります。

ともあれ、我々は、そのバイロム社と連絡を取ってみました。「日本国内のチケットを担当することになった、ぴあという会社です。ところで、あなたたちは、どのようにしてチケットを売るのですか?」と。すると、彼らは、率直に言って非常に時代遅れのシステムで売ろうとしていることが判明しました。

差し出がましいとは思いましたが、日本で開催される大会のことですから、「もうインターネットの時代なので、活用したらいかがですか」と進言してみました。しかし、「それはできない」と。ならば、と「当社のチケットシステムをお貸ししてもいいですよ」と提案してみたのですが、「いや、結構だ」という反応が返ってくるのみでした。

ところが、あれで本当にできるのか、と思っているところに、今度は先方から、「自分たちで新しいシステムを作っているのだが、どうもうまくいかない。ちょっと見てほしい」という連絡が入ります。急ぎ現地に飛び、1週間ほどして帰国したシステムのメンバーたちの報告は、「彼らのシステムでは、サーバが小さ過ぎて、世界中のチケットを売ろうとしたらすぐにパンクしますよ」というものでした。

そこに至っても、彼らはあくまで「自前主義」を貫く姿勢を崩さず、「一緒にやりませんか」という我々の提案を拒否します。大規模なチケット販売など経験したことのない旅行代理店に任せて大丈夫なのか、という疑念は膨らむばかりでしたが、それ以上どうすることもできません。

そうこうしているうちに、02年5月31日、ワールドカップは開幕を迎えます。ぴあが受け持った日本国内のチケットは、もちろん完売していました。しかし、いざグループステージの試合が始まり、テレビ中継を観て驚きました。画面に映し出されるスタジアムに、明らかに空席が目立ったのです。

すぐに日韓大会の日本組織委員会理事だった川淵三郎さん(Jリーグチェアマン)から電話がかかってきました。「矢内さん、テレビを観ましたか? これはひどい。バイロムは全部売り切ったと言っていたのに」。案の定、バイロム社のチケット販売に問題が発生していたわけです。

川淵さんは、「とにかく、このままにするわけにはいかない。売れ残ったチケットは全てこちらで回収するので、何とかそれをぴあで販売してくれないか」と言いました。私は即座に「分かりました」と返答したのですが、どのようにして売るのかは、またゼロベースからの検討が必要な状況でした。

すでに大会は始まっていますから、これは時間との勝負。「チケットぴあ」のシステムに乗せてしまえば、販売自体はスムーズなのですが、バイロムの持つチケットのデータをコンピューターに入力し直さなくてはなりません。検討の末、我々は、紙の原券をそのまま売ることにしました。

日本でゲームが行われるスタジアムは、合わせて10ヵ所。そのスタジアム近くに、それぞれチケットブースを作りました。観戦を希望する人には、事前に電話予約をしてもらい、そのブースでチケットを渡すという、それこそ「時代遅れ」のやり方でした。

しかし、結果は大成功。その方法で、空いていた席はどんどん埋まっていきました。電話がつながりにくいといった問題も発生したのですが、空席を埋める程度のオーダーであれば、そんな「超アナログ」でも、なんとか処理が可能だったのです。逆にいえば、デジタルにこだわっていたら、「時間切れ」になっていたでしょう。

それにしても、完売していたはずのチケットが実は残っているという話に、国内は大騒ぎ。バイロムも、ずいぶんたたかれました。スポーツ新聞などが、そういう記事と同時に、余っているチケットの入手方法を詳しく書いてくれたことも、販売にとってはプラスになりました。

結果的に、バイロム社が持て余したチケットを、ぴあが肩代わりしてきれいに捌いた形になりました。当初の取り決めとは異なり、本来海外に振り分けられていたチケットを売ることになったわけですが、ＦＩＦＡには文句を言われるどころか、やはり大いに感謝されました。

ラグビーワールドカップでも「史上最高」をたたき出す

日本がアイルランド、スコットランドという強豪を破って決勝トーナメントに進み、大いに盛り上がった「ラグビーワールドカップ２０１９日本大会」でも、ぴあは「チケッティングサプライヤー」として業務を委託されました。過去2度の国際大会の実績が評価された上に、他に手を上げるライバルもなく、この時は自然にぴあに決まっていた、という感じでした。

この大会で一緒に仕事をしたのは、組織委員会事務総長の嶋津昭さんでした。彼は総務省出身で、事務次官を務めた人です。だんだん開催が迫り、具体的な準備が進んでくると、「チケットを売る」ということが、どれだけ大変なものなのか、身をもって理解してくれるようになりました。

嶋津さんに限らず、「コンピューターを使った予約・発売のシステムがあれば、どんなイベントのチケットでも簡単に売れるのだろう」という誤解は、広くあります。しかも、システムが正常に稼働すれば問題ないというほど、チケットの世界はそんなに甘くはありません。

通常、我々が「チケットぴあ」で売っている、例えば歌舞伎座や明治座のような劇場やホールなどならば、基本的に座席は固定されているし、長年のデータの蓄積がありますから、お客さんのニーズに沿って、ある程度機械的に処理していくこともできます。でも、オリンピックやワールドカップともなると、話は別。競技会場の座席の数や種類、カメラ席の配置はどうなっているのか、といったことを調べて確定させていくところから仕事は始まります。

ゲームごとに、座席に応じたチケットを割り振るのは当然として、そこには試合開始時刻や入場開始時刻などの情報も正確に入れ込まなくてはなりません。入場チケットですから、スムーズな入場を促し、ミスを起こさないためのゲートでの対応も、考慮に入れる必要があります。

要するに、イベントのチケットを売るためには、その前段階の準備に人の手をかけ、多くの時間やエネルギーを費やさなくてはならないのです。外からは見えないところなのですが、チケット販売事業にとっては非常に重要な、ノウハウの凝縮したポイントということが言えます。

話を戻すと、嶋津さんは、そういう準備作業を目の当たりにして、「これは、誰にでもできる業務ではない」と分かってくれました。

実は、このラグビーワールドカップのチケットも、当初の出足はあまり芳しいものではなかったのです。しかし、結果的には99・3%という、これも歴代最高の販売率に到達したのでした。

大会終了後、嶋津さんは、感謝状を携えて、わざわざぴあまで足を運んでくれました。「いろいろ無理なことを申し上げました。おかげで、大成功を収めることができました」と笑顔で語るのを見て、私も達成感を味わうことができました。

東京オリンピック・パラリンピック、コロナとの戦い

その余勢を駆って、翌年の「東京2020」に入っていくわけですが、これは2017年に仕事を受託する前に、ワンクッションありました。やはりオリンピックは敷居が高いというか、チケッティング業務については、入札を行うというのです。

東京2020組織委員会には、1日も早く我々を指名して、準備を始めさせてください、という気持ちでした。

さきほども述べましたが、チケッティングにとって、事前準備は成功のカギを握る重要なポイントです。しかも、オリンピック・パラリンピックは、会場数が合わせて延べ50ヵ所近くに上り、競技によって座席の数も配置なども様々。同じ会場を別の競技に使用し、座席割りが異なるようなこともあります。要するに、座席の数もバリエーションも、ワールドカップの比ではないわけです。

結局、我々の知る限り、入札に国内から手を上げる事業者はなかったようですが、海外のチケットエージェンシーやシステム会社なども興味を示していたため、国際コンペになってしまいました。日本のマーケットを知らない海外のチケットエージェンシーに担える業務ではない

のですが、コンペになった以上、仕方がありません。我々はそれに「勝ち抜く」ために、英語のプレゼンテーション資料作りをはじめとする作業に忙殺されることになりました。結局、ぴあが東京大会の「チケッティング業務委託事業者」（TSP）に選ばれるまでに、公募期間を含めて1年近くを要したのです。

すったもんだの末に、ぴあが観戦チケットの販売を始めたのは、18年10月。20年に入り、みなさんご存知のように突如新型コロナという見えない敵が出現し、東京大会はそれに翻弄されていきます。そして我々はといえば、チケット販売受託業者の立場で、その渦に巻き込まれることになりました。

東京オリンピック・パラリンピックは、瞬く間に世界を覆ったパンデミックにより、中止も議論される中、翌21年への延期が決まりました。その決定自体にもかなりの時間がかかりましたが、その後浮上したのが、「では、有観客か無観客か」という問題です。しかも、有観客の場合、観客を50％入れるのか、30％にするのか？

コロナの感染状況もにらみつつ、中止論も含めた議論百出状態で、なかなか結論に至る気配はみられません。我々からすると、刻一刻と時間だけが過ぎていく、ジリジリした日々が続きました。

政治判断はそれでいいのですが、仮に「30％観客を入れる」ということになった場合、チケットの枚数や座席配置を、それに合わせたものにする必要があります。チケットで観客を制御する、と言い換えてもいいでしょう。

一方、すでに100%のチケットが売れています。観客を30%に絞るのならば、発売済みの70%を「落選」させなくてはなりません。あるいは、全てを「無効」とした上で、再抽選です。いずれにせよ、すでにチケットを購入していた人たちから、苦情が殺到するでしょう。

そんなことも考えつつ、その時の我々には、様々な選択肢を踏まえたシミュレーションを重ねるしかありませんでした。もはや受託したチケッティング業務の領域を明らかに超えたところまで、フォローせざるを得なくなっていたわけです。

結局、大会開催まで15日に迫っていた7月8日、東京オリンピック・パラリンピックは、一部を除いて無観客で開催されることが決まりました。

最も重要だったのは、困難を乗り越えて東京大会が開催されたことです。自分自身、ほっとしたのと同時に、あの状況の中で全力を尽くして大会のチケッティング、ゲーティング業務をやり切ったメンバーたちには、感謝の気持ちでいっぱいです。

こうして振り返ってみると、オリンピックもワールドカップも、やはり思いもしなかった事態の連続でした。この経験は、これからのぴあに絶対に生きるはず。ぴあは、25年の大阪万国博覧会でも、チケット業務を担当することになっています。

第9章

「心の復興支援」を目指した「チームスマイル」

故郷いわきは壊れてしまった

2011年3月11日、東北地方を中心とした東日本大震災が発生しました。私の出身地である福島・いわきも大地震と津波に襲われ、実家も被災しました。

震災後、初めて故郷を訪れて目の当たりにした光景は、忘れることができません。港で漁船が折り重なるように陸に打ち上げられていたり、網やブイが大量に散乱していたりする姿は、私を「故郷はすっかり壊れてしまった」という思いにさせるほど無残なものでした。そんな状況で会った郷里の知人たちが、中には家や家族を失った人間がいるにもかかわらず、みな一様に「もっとひどい目に遭った人がいる。俺は大丈夫だ」と語っていた言葉も、今も耳に残ります。

この震災からほどなくして、社内には復興支援を目的とした「チームスマイル」というムーブメントが、自然発生的に立ち上がっていました。

被災地の人たちが必要とするのは、まずは生きるための支援です。例えば、震災の翌月には、ぴあも主催者の一人として参画したチャリティーコンサート「全音楽界による音楽会」が開催されました。入場は無料、ただし一人1万円以上の義援金をお願いしました。クラシックから演歌まで「全音楽界」にふさわしい錚々たる出演者たちからも、ノーギャラの上に、やはり1万円の義援金をいただきました。同時に、著名人によるチャリティーバザーも行って、この一晩で3500万円を超える義援金を集めたのです。

また、ゴールデンウイークには、「渋谷パラダイス」と銘打ったイベントを実施し、募金活動をしたり、ステージを設けたり。渋谷駅周辺が「チームスマイル」のフラッグで埋め尽くされたのは、壮観の一語でした。

こうして、ぴあの社内で始まった復興支援活動でしたが、そのうちに、これを業界全体に広げたムーブメントにしていこう、という機運が高まります。十分足りたとはいえないものの、衣食住の復旧が進んでくれれば、次に求められるのは「心の復興」です。まさに、エンタテインメントの出番。我々は、被災地でエンタメによる復興支援の先頭に立つことを決めました。

活動の幅を広げるため、「チームスマイル」は、12年10月に社団法人化し、私が代表理事となり、副代表理事にコンサートプロモーターズ協会（ACPC）会長で、当時ディスクガレージというプロモーターの社長（現会長）だった中西健夫さんに就いてもらうことにしました。

理事には、秋元康さん（作詞家・プロデューサー）、小原芳明さん（玉川学園理事長）、川淵三郎さん（日本サッカー協会相談役）、三枝成彰さん（作曲家）、下村満子さん（ジャーナリスト）、野村萬さん（能楽師・日本芸能実演家団体協議会会長）、林真理子さん（作家）、原田明夫さん

（弁護士・元検事総長）、福井俊彦さん（キヤノングローバル戦略研究所理事長・元日銀総裁）、吉永みち子さん（作家）という名前が並びました。

国も大企業も当てにできない

エンタメによる復興支援活動といっても、いろいろなやり方があります。単発、短期的な取り組みならば、わざわざ被災地に活動拠点を設ける必要などないでしょう。しかし、それでは意味がないという点で、我々の意思は一致していました。津波による被害はあまりにも甚大で、加えて原発事故もあり、復興は間違いなく長期戦になると思われたからです。

では、継続性をどのようにして実現するのか？　「チームスマイル」は、いわき市と仙台市と釜石市の3ヵ所に、ＰＩＴというホールをつくろうと計画しました。ＰＩＴは、〝Ｐｏｗｅｒ Ｉｎｔｏ Ｔｏｈｏｋｕ！〟の頭文字を取ったものです。現地にそういう「箱」を設けたうえで、コンテンツは東京などから持っていけばいい、と考えました。

ただし、拠点をつくっても、それがちゃんと経済的に維持できなければ、結局活動は長続きしません。その経済性をどのようにして担保していくのかというのが、チームに課せられた重要テーマになりました。

我々が構想したいわきPITの収容人数は約200、釜石に至っては約150でした。こんなに小規模のホールでは、ビジネス的には成立しません。仙台PITは約1500でしたから、これはだいたいトントンで回る規模でしたが、東北の3拠点では、トータルで赤字になってしまいます。

そこで、支援拠点として、もう一つ、東京の豊洲にもPITをつくることにしました。ここを3100人が収容可能な大きなホールにして稼働させることで、しっかり利益を出す。その利益で東北PITの赤字を補填して、「チームスマイル」トータルとしての経済性を確保する、というスキームを構築したわけです。

さて、そうやって活動開始後の経営構造のプランニングはできたわけですが、それ以前の問題として、我々には土地の工面も含めたホールの建設資金が必要でした。社団法人には、ぴあも2億円を拠出していましたが、そうした法人の予算で賄えるものではありません。

最初に頼ろうと考えたのは、国の復興予算です。私は、当時の復興大臣と連絡を取り、説明に出かけました。その場で「チームスマイル」の構想を聞いた大臣は、「それは素晴らしいアイデアですね」と言ってくれました。ところが、「国の予算をこれに使わせてほしい」とお願いしたところ、「それはできません」と。「なぜですか?」と聞くと、「復興予算は、あくまでも震災で倒れた建物をもう一度建て直す場合に使えるお金で、新たな建物を造ることには使えないのです」と言いました。私は、「心の復興」の趣旨を語り、食い下がりましたが、「いや、できません」の一点張り。

彼らの口にする「震災復興」が、極めて狭い意味で使われていることを初めて知りましたが、とにかく紋切り型の対応で、どうにもなりません。この時点で、私は、国や自治体に頼るような形でこの活動をやっていくのは無理なのだ、と悟りました。

我々が次に考えたのは、大企業に対する協力要請です。行政が当てにならないのなら民間で、と思ったわけですが、結論を言えば、当初はこれもうまくいきませんでした。

事前に「あの人ならOKしてくれるはずだ」といった情報も得た上で、私は誰でも名前を知っている企業のトップに会いに行きました。いくつも回りましたが、奇妙なことに、対応は判で押したように似通ったものだったのです。

お会いしたトップは、「矢内さん、それは素晴らしい。ぜひ実現させましょう」と言います。「協賛していただけますか?」と確認すると、「やらせていただきます。ついては、担当役員に誰々という人間がいるので、詳しい話はそちらとしてください」と。ところが、喜んで紹介された人のところに会いに行くと、「会長がどう言ったか分かりませんが」と前置きして、「当社もいろいろな復興支援活動をやっていて、予算の使い道は全て決まっています。これから新規の案件にはちょっと……」というパターン。

日本企業は、いつから下がトップの言うことを無視するようになったのか、と憤慨もしましたが、後になってから、その時同行したメンバーと、「もしかしたら、外からの要請をやんわり断るための〝出来レース〟だったのかもしれないね」などという話もしました。そんなうがった見方もしたくなるほど、冷たい対応だったわけです。

ちなみに、これも誰もが知る公益財団法人にもお願いに行ったのですが、「実績をつくってから来てください」と。やはり「創り上げる復興」の壁は厚いようでした。どれもこれも、個人的には、あまり思い出したくない出来事ではあります。

感激したプリプリの3億1000万円

しかし、世の中は「捨てる神」ばかりではありません。東北最大のPITは仙台に置く、という話をしましたが、その土地の取得を引き受けてくれたのが、インターネットイニシアティブ（IIJ）の鈴木幸一会長でした。鈴木さんは、日本の商用インターネットサービスのパイオニアである同社の創業者で、クラシック好きが高じて、私費を投じて音楽祭「東京のオペラの森」（現「東京・春・音楽祭」）を立ち上げたりもした人物です。

仙台PITについては、紆余曲折がありました。当初、私が候補地として考えたのは、JR

の仙台駅前でした。そこで、同じ東北・宮城県の出身で、わりと親しい間柄でもあったJR東日本の清野智会長に「仙台駅前に土地を持っていましたよね。『チームスマイル』の活動に貸してもらえませんか？」と電話でお願いしてみました。ところが、「残念ながら、全部売ってしまいました」と。その代わり清野さんは、「仙台から二つ目の長町というところで再開発が進んでいて、あそこなら土地があるはずだ」という情報をくれました。

現地に行ってみると、すでにIKEAや大きなスーパーマーケットなどもできていて、立地的には問題なし。調べると、周辺の土地はUR（独立行政法人都市再生機構）が持っていることが分かりました。

そこで、今度はURと交渉です。「お持ちの土地を使わせてほしい」と切り出すと、担当者は、「とてもいい取り組みだと思います。ただ、土地はすでに売り出しの公示を出していて、URの立場として、引っ込めるわけにはいきません。どうしても使いたい場合は、入札に参加して、購入いただくしかないですね」と言いました。

とにかく、土地が確保できないことには、何も始めることができません。さりとて、社団法人にはそんなお金はない。こうなったら、ぴあで買って法人に貸そうか、という考えも一瞬頭をよぎったのですが、後で「ぴあは、震災にかこつけて一儲けしようとした」などと、痛くもない腹を探られてはたまりません。立地的に、後々値上がりしそうな土地でもありました。

ＩＩＪの鈴木さんに相談に行ったのは、そんなタイミングでした。「東北でこんなことをやろうとしています」と話すと、彼は、「それはいい話だね。じゃあ、その土地をうちで買おうか」と事もなげに言うのです。拍子抜けするほどの二つ返事だったので、逆に心配になって、私は「ちゃんと取締役会は通るのでしょうか？」などと余計なことまで言っていました。

次のハードルは、入札です。どんなにありがたいスポンサーがいても、ここで敗れてしまっては、元も子もありません。主なライバルは、マンションデベロッパーでした。不動産業者よろしく現地を調べ上げ、ライバルの入札価格を予測して、最後はＩＩＪとぴあの担当者が弾いたものに、私が若干の色をつけて価格を決めました。結果は、我々の勝ち。土地のプロたちを相手にした、奇跡的な勝利だと言う人もいました。こうして、土地はＩＩＪが取得し、「社団法人チームスマイル」がそれを借り受けるという形で、仙台ＰＩＴの用地を確保することができたのです。

ＰＩＴのプロジェクトでは、他にも協力してくれた企業があります。４ヵ所のＰＩＴを、リアルタイムで映像を共有できる形でネットワークできたら面白い。そんな考えが浮かんで、パナソニックに相談したところ、当時は珍しかった４Ｋのビジョンを４会場で16面、全部無償で提供してもらえることになりました。当時の津賀一宏社長の決裁でしたが、期待以上のことに、とても驚きました。

また、その中継方法は衛星かケーブルか、という検討を行い、後者でいくことを決めて、NTTコミュニケーションズの当時の有馬彰社長に協力をお願いしました。有馬さんが、「分かりました。当社でネットワーク、回線周りをやりましょう」と快く引き受けてくれたことで、アイデアは形になりました。

ところで、IIJのサポートを受けた仙台PITの設置に関しては、もう一つ特筆すべき存在がいました。5人組のガールズバンド、プリンセスプリンセスです。

彼女たちは、震災が起こった後、「私たちにも何かできることがあるのではないか」と話し合い、再結成して1年限定の復興支援のコンサートをやろうと決意します。稼いだお金は、全額を復興支援のために寄付することも決めていました。解散してから15年ほど経ち、結婚して家庭に入ったり、新たな仕事に就いたりしていたにもかかわらず、集まってレッスンをし直し、2012年、全国縦断のライブツアーなどを敢行しました。

集まった収益金は、5億円を超えました。彼女たちは、当初それを東北の自治体や大学などに寄付していました。ただ、後でメインボーカルの岸谷香さんに聞くと、「地方自治体に寄付しても、お金がいつ、何に使われたのかが分からないことには、少し張り合いのなさも感じていた」そう。

そんな時に彼女たちの耳に入ったのが、仙台PITの話でした。それなら使途は明らかだし、自分たちが関係する世界でもある。プリプリは、なんと使い途を検討していた3億1000万円の義援金を、全て「チームスマイル」に寄付してくれたのでした。

感激したのと同時に、大変ありがたい話でした。仙台PITは、東北の中では一番大きいホールでしたから、建設費用もバカになりません。加えて、復興の本格化により、東北地方の建築費が2割～3割高騰したため、当初予算をオーバーしていたのも、我々にとって頭の痛いところだったのです。

このような善意に支えられ、14年10月の豊洲PITを皮切りに、いわき(15年7月)、釜石(16年1月)、そして仙台(同3月)のホールが、順次オープンしました。仙台PITのこけら落としは、もちろんプリンセスプリンセス。3日間ぶっ通しのステージには、地元だけでなく全国から彼女たちのファンが集まり、最高のスタートを切ることができました。

各界の著名人が続々被災地へ

東北のPITでは、通常の貸館公演のほか、パナソニックとNTTコムのシステムを使って、豊洲PITで行われる音楽コンサート、演劇、ミュージカルなどのライブビューイングを行いました。また、セミナー、地元の人たちによる自主企画などにも活用され、大いに喜ばれました。一方、豊洲も「復興支援の継続のために利益を上げる」という役割を、しっかり果たしてくれたのです。

その豊洲PITでは、メンバーのアイデアで、「葉っぱシールのドネーション」という企画を行いました。入場者がドリンクを購入すると、50円が寄付になります。購入と引き換えに緑の葉っぱのシールを渡し、それを会場内にある裸の木のボードに貼り付けてもらう。そこに託された思いが東北に行きますよ、という演出です。青々と葉の茂ったボードは、何百枚にもなり、寄付金は累計で8300万円を超えました。

そこで集まったお金を使って展開したのが、「〝わたしの夢〟応援プロジェクト」です。ひとことで言えば、各界のリーダー、著名人を東北に連れて行って、講演会や演奏会などをやってもらう、というもの。このプロジェクトへの賛同者として、「チームスマイル・東北PIT応援団」を募ったところ、芸能人やスポーツ選手、文化人、科学者、メディア関係者など90名近くの人が手を上げてくれました。

そして、有森裕子さんから始まって、香川真司さんと清武弘嗣さん、川淵三郎さん、倍賞千恵子さん、熊本マリさん。あの布袋寅泰さんがPITの150人、200人の会場でコンサートをやってくれたこともありました。全員の名前が書けないのは残念なのですが、本当に多くの人が「東北を勇気づけたい」と足を運んでくれました。地元の人が喜んだのは、言うまでもありません。

岩手めんこいテレビのディレクター工藤哲人さんが「チームスマイル」の主旨を理解して、このプロジェクトで我々が東北に行くたびに、番組にしてくれたのもよかった。おかげで、来場できない多くの人にも、見ていただくことができました。

現地に出かけてくれた著名人たちには、ただ講演やコンサートなどをお願いするだけではなく、まず被災地を訪問してもらいました。これも「〝わたしの夢〟応援プロジェクト」の大切にした取り組みでした。被災地には、当時の状況を展示した施設などがあります。そうしたところを見てもらい、地元の人と交流する場も設けました。

やはり、見ると聞くとは大違いで、東京から行った側が得るものも大きかったはずです。「被災地に行きたいと考えながら、様々な理由で実現できなかった。こうした場を設けてくれてありがたい」と逆に我々に感謝の言葉を述べる人が、何人もいました。同時に、地元の人たちには、著名人たちの「もっと東北のことを知って、支援したい」という気持ちが伝わったのではないでしょうか。

余談ながら、プロジェクトに参加してくれた人には、些少ではありますが、お車代プラスアルファくらいの謝礼を用意します。でも、十中八九、「いりません」「もらったことにして、寄付させてください」という反応でした。本当に頭が下がりました。

長期戦を見据えた「チームスマイル」は、社団法人設立当初から、10年を活動のめどに置いてきました。ここ数年、コロナ禍により活動の中断も余儀なくされたのですが、ちょうど10年経ったところで、ひと区切りつけることにしました。「チームスマイル」としては、2022年3月で東北の3つのPIT、12月に豊洲PITを閉じ、社団法人としての活動を終了させる予定です。

ただ、東北の地元の人たちからは、「PITを残してほしい」という要望が寄せられました。そこで、いわきに関しては、社団法人が土地を借りていた不動産業者にバトンタッチすることになり、PITの名で多目的ホールとして運営が継続されています。また、釜石は、第三セクターの釜石まちづくりという会社が、やはりPITという名称と運営を引き継ぐことが決まりました。

残った仙台と豊洲は大きな施設なので、結局ぴあが引き受けて、ライブハウスとして運営していくことになりました。私が、できるだけ高く売りたい社団法人と、安く買いたいぴあの両方の代表を務めているというややこしい問題があったのですが、第三者から見て適正な条件になるよう注意を払いながら、PITを引き継ぎました。

豊洲だけクローズを先延ばししたのにも、コロナ禍が関係しています。PITは、東北の赤字分を収容人数の多い豊洲でカバーする、という仕組みで回してきたわけですが、ライブイベントが出来なくなると、その規模の大きさが逆に仇になってしまいました。稼ぎ頭どころか、大きな赤字を出すことになってしまったのです。

社団法人を赤字で閉めるわけにはいきません。観客が戻ってきたところで、また豊洲に収益を上げてもらい、収支を整えた上で解散しよう、というのが稼働を延長した理由です。

最後は、東北の地元の人たちにお礼と感謝を述べられるようなイベントをやって、10年にわたった「チームスマイル」の活動を終わりにしようと考えています。

「ＰＩＴ」後日談

最後に余談ですが、世代によっては、かつてぴあが同じ「ＰＩＴ」という名称のテントシアターを主催していたのではないか、と気づかれた方がいるかもしれません。その通りです。

１９８８年3月から72日間、東京・新橋駅からほど近い旧国鉄汐留操車場跡地に、３０００人収容のロック音楽専用のライブ空間・ＰＩＴが、確かに存在しました。

当時、首都圏には、大音響で演奏ができるライブ会場がほとんどありませんでした。若手のロックアーティストたちが存分に自分たちの音楽を披露できる場を作りたいと考えて、そこに「キャッツシアター」ばりの大テントの設営を構想したのです。

これも前例のないチャレンジでしたが、元国鉄総裁で、当時国鉄清算事業団理事長だった杉浦喬也さんを訪ね、何度も交渉を重ねて、旧国鉄の土地では初めて、民間の使用許諾を得ました。スポンサーには、サントリーの佐治信忠さん(当時専務)に快諾してもらい、その場で、松下電器の松下正幸さん(当時取締役宣伝事業部長)にもお願いしようということになり、そちらも即決でした。

期間限定のステージには、RC サクセション、米米CLUB、沢田研二、BUCK-TICK、レベッカなどの有名どころをはじめ、旬のアーティストが連日出演して大盛り上がり。あまりにも人気が高く、一度閉館した後で、PIT2を再オープンしたほどでした。

それから三十数年後、チームスマイル活動のため東北にホールを作ることになり、その名称をどうしようかとなった時、音楽業界の方々が、思い出の「PIT」がいい、と口々に言うのです。あのシアターがそんなに強烈なイメージを残していたというのは、驚きであり、喜びでもありましたが、この「元祖PIT」は、〝PIA Intermedia Theater〟の頭文字をとったものでした。今度は「ぴあのシアター」というよりも、震災復興のための施設ですから、趣旨が違います。そういう説明をしつつ、一方で、みなさんの気持ちもよく分かりました。

そこで、コピーライターの小西利行さんにお願いしたところ、〝Power Into To

ｈｏｋｕ！〟と、さすがの読み換えをしてくれました。そんな経緯でよみがえったのが、ＰＩＴだったわけです。

第10章

新たな未来へ 進化するぴあ

「ぴあアリーナMM」は最後の1ピース

2020年4月、ぴあは、横浜・みなとみらい地区に、約1万2000人収容の音楽専用ホール「ぴあアリーナMM」を竣工しました。投資金額は100億円。「どうして、ぴあがそんなお金を投じてまで、アリーナを造ったのか」と、訝しく感じる方もいらっしゃるかもしれません。

雑誌『ぴあ』が創り出し、アプリ版『ぴあ』に引き継がれたのが、ユーザーへのエンタメ情報の提供という機能です。情報提供だけでなく、それが行われている「場」につなげよう、というのが「チケットぴあ」の役割だったことも、お話ししました。エンタメ業界と深く関わる中で、各種興行イベントの主催、企画、制作、運営といったコンテンツビジネスにも、我々は地歩を築いています。

そんなぴあには、もう一つ残されたピースがありました。自らエンタメ興行を行えるヴェニュー（会場）を持つことです。それにより、ぴあは、〝エンタテインメントビジネスのバリューチェーン〟の実現に進むことができる。このことは、経営レベルでは結構早い段階から、議論に上っていました。エンタメビジネスをトータルに構築することができれば、より高品質のサービスを幅広く提供できるはずです。「ぴあアリーナ」は、まさにその「最後の1ピース」でした。

そういう位置づけですから、中途半端なものを造るつもりは、私にはありませんでした。地下1階・地上4階建ての構造で、延べ床面積は2万3000㎡。1万人規模の会場を民間企業が単独主導する、国内初の事例です。建設には、「東北の心の復興に貢献したい」と奮闘した、PITの経験も、大いに役に立ってくれました。

設計に当たっては、エンタメ業界に通じているぴあの強みを生かして、コンサートを観る側、演じる側双方にとって最適な環境、使い勝手を徹底的に追求しました。

ステージと客席の距離が近く、より臨場感あるステージが楽しめる上、ゲストルームやカフェなども併設されていて、公演前後の時間も飽きさせません。また、11トントラックがそのままアリーナのど真ん中まで入って来られる構造は、設営する側から大いに喜ばれています。アーティストによっては、トラック20台分くらいの舞台装置が使われることもあるのですが、バラバラの部品を運び込んで組み立てる必要はなく、どんどんその場に置いていけばいい。こんなに設営が楽な施設は、他にはないでしょう。

ただ、満を持して完成させた「ぴあアリーナ」のスタートは、やはり新型コロナで、出ばなをくじかれる形になってしまいました。開業は20年4月20日、こけら落としのコンサートは、横浜・伊勢佐木町の路上ライブから始まったゆずと決まり、地元の人たちの期待も高まっていたのですが、残念ながら中止に。実際には、7月10日、ぴあの創業記念日に、ゆずの無観客配信ライブでのオープンになりました。

いきなり試練に見舞われた「ぴあアリーナ」でしたが、業界からの評価は、我々が見込んだ通りのものでした。現在では、2年ほど先まで、土日は公演予定でぎっしり埋まっています。

三菱地所との出会い、新たな挑戦へ

ところで、この「最後のピース」を埋める過程で、我々はまたしても、願ってもない「幸運な出会い」に恵まれました。本当に不思議な縁と言うしかないのですが、そこから生まれた関係性は、ぴあの新たな事業展開にも道を開こうとしています。

その出会いは、当社の取締役で社長室長の小林覚の人脈がきっかけになったものでした。アリーナの建設に向け、場所選びに頭を悩ませていた時、彼が「実は、高校の同級生に三菱地所で偉くなった人間がいます。飲みながらアリーナの話をしたら、『みなとみらいには、空いた土地がある』と言っていました」という報告を持ってきたのです。

早速、候補地を見に行ったのですが、1万人規模のホールを建設するには、立地がイマイチ。そこで、小林に「もっといい場所はないか」とさらに交渉してもらった結果、最後に出てきたのが、現在「ぴあアリーナ」が建っている場所です。JRの桜木町駅や横浜駅からも徒歩圏内、首都高横羽線のみなとみらい出入り口のすぐ横、という文句なしの一等地でした。

しかし、お金の面からみれば、その一等地を「ぴあアリーナ」に貸すというのは、決して有利な選択とはいえなかったでしょう。同じ土地ならば、マンションにせよ何にせよ、できるだけ高層のものを建てたほうが、利益は上がり、投資金額の回収も早く済むというのは、素人でも分かる話です。実現できた裏には、「これからのまちづくりには、エンタテインメントが大事だ」と奮闘してくれた、小林の同級生をはじめとする三菱地所の人たちの力、そして吉田淳一社長の理解と決断が大きかった、と私は理解しています。

「ぴあアリーナ」の建設が決まってから、私は、吉田社長と何度か会食する機会を持ちました。吉田さんは「とにかく矢内さんの言うことは面白い」と喜んでくれました。畑違いの業界ですから、先方にすれば聞いたこともない話ばかりだったのでしょう。

そして、何度目かに会った時、吉田社長から「協業の可能性を探っていくためにも、ぜひ、ぴあ社に出資させていただきたい」という申し出をいただきました。会社同士信頼関係が築けていましたし、ぴあにとってお断りする理由はありません。

ただし、その時私は、一つだけお願いをしました。一緒に仕事はさせていただきたいけれども、三菱地所との「独占的な」関係にはならない点を確認してください、と。つまり、仮にエンタメ関係の案件で他の不動産業者から声がかかった場合、やるかやらないかはぴあが独自に判断します、ということです。

せっかく出資をしてくれるという相手に対して、不遜な対応に思えるかもしれません。しかし、このようにビジネスの相手に対して常に全方位、ニュートラルなスタンスで臨むというのも、ぴあの一貫したポリシーなのです。だからこそ、いろいろな会社と長くお付き合いができている、と私は思っています。

「御社もぴあも、感動は独り占めできませんよね」という私の言葉に、吉田さんは「その通りですね」と答えてくれました。こうした形の提携も、三菱地所にとっては異例のことだったのかもしれません。

そうした経緯で、三菱地所との業務・資本提携を発表したのは、2021年の5月でした。ぴあが第三者割当増資を行い、三菱地所は、4・4％の株式を持つことになりました。

ただし、これも「異色の取り合わせ」に映ったためか、世間では憶測も呼びました。巨人・三菱地所が、コロナ禍で業績不振に苦しむぴあを救済するための資本提携ではないか、という筋立てです。実際にＮＨＫがそうした内容のニュースを流したため、すぐに抗議して訂正を求める、という一幕もありました。

一方、実際の業務に関しては、両者で具体的な話を着々と詰め、関係を深めていきました。そして、資本提携から1年経った22年5月には、合弁会社「MECぴあクリエイティブ」を設立しました。

三菱地所は、不動産というモノの世界、ぴあはエンタテインメントというコトの世界を相手にして成長してきました。業務提携し、合弁会社まで作った目的は、ひとことで言えば、そのモノとコトの世界を重ね合わせて、街づくりを推進していくことにあります。

「ぴあアリーナ」の建設のために懸命に押していた岩が、この数年で思わぬ方向に転がり始めました。ぴあにとってみると、街づくりへの参入は、「チケット流通事業依存」からの脱却に向けた新事業創出のチャレンジ、という位置づけを持つものでもあります。事業としては緒に就いたばかりなのですが、ぴあの「次の50年」に向けた推進力になるよう、しっかり育てていきたいと考えています。

新型コロナという〝天災〟とどう対峙したか

ところで、50年の歴史の中で、ぴあは「経営危機」を2度経験しました。一つが、大規模なリストラまで余儀なくされた2008年のシステムトラブル。もう一つは、ようやく深刻な影響から解放されつつある新型コロナウイルスの直撃です。

システムトラブルが経営の失敗に起因するものだったのに対し、こちらは考えもしなかった〝天災〟でした。この世界史に残る出来事にどう対応したのか、何を得たのかについて、最後に記しておきたいと思います。

システムトラブルからの再建が成り、中期の企業戦略を策定し、「よし、これから」という矢先の2020年、我々は突然のコロナパンデミックに巻き込まれることになりました。ライブエンタメをはじめとする興行が次々に中止に追い込まれ、売上は、一気に8割も減少。20年度には、なんと65億円の赤字という未曾有の決算を計上することになりました。

コロナ禍では、ごく一部を除き、広範な産業が影響を受けました。ただ、エンタメ関連の受けたダメージはことさら甚大で、この年、業界全体でも8割を超える売上が消失したことは、「ぴあ総研」のところで指摘した通りです。

会社は、システムトラブルの時とは、様相の異なる戦いを強いられました。社員は、興行中止に伴うチケット払い戻しという「マイナスの作業」に大わらわ。それ以外のメンバーの大半は、「戦場」に行きたくても行けない自宅待機の状態に置かれました。

一方、取締役たちは、今まで誰も経験をしたことのない状況下で経営の舵取りをしなければなりません。〝天災〟の行方は全く不透明、行政の自粛要請などもどう転ぶか分からない。自分たちではどうにもできない環境に不安が渦巻く中で、目の前の売上だけが確実に落ち込んでいきました。

有事におけるリーダーシップ

その時、取締役会に広がったのが、「厳しいけれど、従業員の賃金カットだけは避けよう」というムードでした。中には、「給与カットは、最後の砦だ」という役員もいて、取締役会の雰囲気は「苦境の時こそ我々が頑張って、社員の生活を守ろう」という方向に傾きました。

しかし、私の考えは違いました。もし、「最後の砦」があるとしたら、それは賃金カットではなく、雇用の確保です。「08年危機」の悔恨が忘れられない私には、希望退職者を募るなどということは二度としたくない、という強い思いがありました。取締役たちの社員を思う気持ちは尊重したいのですが、目先の痛みを逡巡した結果、多くの血を流すことになってしまったら、元も子もありません。

想定外のコロナ禍で、会社の売上が見る見る落ちていることを知らない社員はいません。ここは、そういう社員を信じて、理解を得るべきだ、と私は考えました。最終的には、他の取締役の賛同も得て、会社は2度目の危機を乗り切る方策の一つとして、従業員の賃金カットを決めました。

ただし、社員に実損が出ないようにする方法はないだろうかと、来る日も来る日も頭を絞りました。すると知恵は出てくるものです。それは第4章で触れた「全社員ぴあ株式無償給付制度」の活用でした。

つまり、その株式無償給付制度を特別運用して、社員の給与減額相当分をぴあ株式で無償付与することにしたのです。そうすれば、社員の給与減額分はその時点でのぴあ株価での株式数に置き換わるだけでなく、みんなで頑張ってぴあの業績が回復すれば株価は上がり、その分さらに株式価値が増えることになります。加えて、月々の給与減額分と同額を社内貸付制度で無利子で借りられるようにし、当面の現実にも対応できるようにしました。

まずは私から全社員に次のようなメールをしました。

「過去の経験からしても、いま一番大事なことは雇用の確保です。2008年に多くの仲間たちを失った辛い経験をしながら、一生懸命に再建を果たしてきた皆さんを1人たりとも欠かすことはできません。

そのためには、ここは皆んなで我慢する時です。コロナ禍はいずれ終息します。その時、多くの人々の心を癒し、生きる勇気を与えてくれるのは、エンタテインメントの力です。そして、その中心にぴあがなくてはなりません。

皆んなで力を合わせて、ぴあの再建を勝ち取り、笑顔でぴあの創業50周年を迎えたいと思います。」

以上のようなメッセージとともに、給与カットのお願いとその対応策の説明をしました。社員には、冷静にコロナ禍の状況と対応策を理解してもらえたのではないかと思っています。

コロナ禍の経験を通じて私は、有事には平時とは違うマネジメントが必要になるのだ、ということをあらためて思い知らされました。パンデミックに限らず、今後もどんなことが起こるか分かりません。そういう有事に際して、決して思考停止になったりせずに、大きな方向性を語り、具体的な戦略、戦術を構築できるリーダーが、組織には必要なのです。

そんな問題意識から、有事でのマネジメントのありようをまとめた「ぴあリーダーシップ（PL）」を急遽作成しました。そこには、今のリーダーたちだけではなく、これからぴあを率いてもらわなくてはならない若い社員たちにも、この危機から多くを学び取ってほしい、という願いを込めています。

PLの「あとがき」に、私は次のように記しました（一部）。

「まさにこういう時（注：コロナ禍のような有事）にこそ、本当のリーダーが必要なのです。皆んなの気持ちを理解しつつも、おもねることなく、冷静に皆んなの向かうべき方向を指し示すことのできるリーダーです。私たちのコミュニティを守り、大きな夢と希望を持って次なるステージを描き、私たちを導いてくれるリーダーです。
コロナは私たちに、本物のリーダーのあるべき姿を考えさせてくれました。是非とも、強い本物のリーダーになってください。」

「これからの50年」に向かって

先日、日本で最初のベンチャーキャピタルであるＪＡＩＣ（日本アジア投資銀行）の下村哲朗社長と話す機会がありました。上場前の会社に投資して、リターンを得るのが彼らのビジネスです。

その下村社長が言うには、これまでに約２０００社の未上場企業に投資してきたそうです。「そのうち上場できたのは何社あるのですか？」と聞いてみると、「３００社ぐらいですね」というのが、彼の答えでした。プロが「これは」と見込んでお金を入れても、打率は1割5分。それが実態だと言うのです。

そんな話に続けて、彼は「それに、上場を果たすのと、そこから先、ちゃんと会社を維持していくのとは別問題。創業から50年続いているぴあは、とても珍しい会社なのです」と言いました。「私は長くこの世界にいて、いろんな事例を見てきました。時代の流れについていけずに、すぐになくなってしまう会社が、どれほどあることか。そこにいくと、ぴあは雑誌でスタートして、その後2段、3段と次のロケットを打ち上げて、どんどん前に進んでいるでしょう。これはすごいことなんですよ」と。

2段、3段のロケットを打ち上げられたのは、とにかく「自分の欲しいものが欲しい」「こんなサービスがあったら、世の中はきっと便利になるだろうな」という思いに衝き動かされた結果であり、その過程で出会った人たちのおかげ。指摘されたような感覚は、私自身の中にはなかったのですが、専門家の目にはそのように映るのか、とあらためて感じました。

奇しくも、ぴあのことを「珍しい会社だ」と表現した人が、もう一人いました。電通グループ相談役の石井直さんです。石井さんは、「東証一部（当時）に上場してビジネスをしている会社だけれど、ぴあには文化の匂いを感じるんだよ。エンタテインメントに携わっているところは数多くあるけれど、文化を感じる会社は他にはない」と言ってくれたのです。PFFをはじめとする「趣旨性」に基づく事業を、経済性の追求と並ぶ両輪に据えてここまできたぴあにとって、それは、この上なく嬉しい言葉でした。

そもそも、通常の企業活動の考え方からすれば、「事業」とは呼べないようなことにも、我々は精一杯のエネルギーを費やしてきました。ただ、SDGsではないのですが、世の中の考え方も、ようやくぴあがやってきたことに近づいてきたようにも、私は感じています。結局のところ、企業は世の中に貢献するために存在するもの。人の人生は、みんなの幸せをつくるためにあるものだと思うのです。

あらためて振り返ってみると、ぴあには、もしかしたらそこで命脈を断たれていたかもしれないような危機が、何度もありました。会社の基盤を築いた雑誌『ぴあ』の休刊、「チケットぴあ」のシステムトラブル、「クーデター事件」であわや社長解任、東日本大震災ではようやく復活してきた業績が再び悪化、そしてコロナ禍では過去最大の赤字を計上——。世の中にないものを生み出して成長してきたぴあの歴史は、一方で、そうしたピンチをどうにかして乗り越えてきた歴史でもあるのです。

私には、それらを通じて学んだこともたくさんありました。これも列挙すると、「ぴあを支えてきてくれた多くの方たちへの感謝の気持ち」「業態チェンジの準備とタイミング」「マネジメントスタイルの変革と進化」「会社が気持ちの上で一つになること」「不安を勇気に変えること」「有事におけるリーダーシップのあり方」——といったものです。それらを血肉にすることで、私は経営者として一歩一歩成長できたように思います。

同時に、ぴあの事業基盤は、出版、チケット流通、興行制作、ヴェニューマネジメント、と順次整備されてきました。これからは、その基盤の上に何を作るかも課題になります。チケット流通事業依存からの脱却も考えながら、様々な形の「エンタテインメント産業のリ・モデル」

も視野に入れる必要があるかもしれません。それは、これからの50年をつくる次の世代の課題です。

こうして最後の章までたどり着いてみると、この50年は、まさに「走り抜けてきた」という形容がふさわしいものだったことを実感します。本当に、あっという間の50年でした。

この後は、次世代のぴあを担う経営者にバトンを渡すことになります。早くその大事な仕事を遂行し、とりあえずは走り終えて、ゆっくりこれまでとは違う景色を見てみたい。そんな欲望も頭をもたげます。

最後までお付き合いくださいました皆様には、心からの御礼を申し上げます。ありがとうございました。

おわりに

あっという間の50年でした。でも、幸運な出会いに導かれてきたぴあは、まさに授かりものです。幾たびもの経営危機に際して、こんなことで大事な授かりものを絶やす訳にはいかないと、歯を食いしばってやってきた歴史でもあります。

この50年の全ての出会いに感謝したいと思います。

私の至らなさを支えてくれた、創成期からの歴代の取締役です。黒川文雄さん、斎藤廣一さん、湯川憲比古さん、山尾信孝さん、林和男さん、阿南満三さん、西村重宏さん、松井隼さん、妹尾和夫さん、奈良昭さん、能勢正幸さん、於保義教さん、金井満さん、武田浩二さん、宮﨑真行さん、元村賢剛さん、川口純さん、児山勝美さん、中村義治さん、白井衛さん、坂本健さん、吉澤保幸さん、加藤利行さん、伊藤穰一さん(社外)、神山陽子さん、大島秀夫さん、北谷賢司さん(社外)、前野寛さん、大西義威さん、唐沢徹さん、松岡慎一郎さん、夏野剛さん、冨山和彦さん(社外)、佐久間曻二さん(社外)、後藤克弘さん(社外)、木本敬巳さん、長島靖弘さん、松永明生さん(社外)、村上元春さん、上村達也さん(社外)、小林覚さん、一條和生さん(社外)、宮本暢子さん、清水健さん(社外)、宮地信幸さん(社外)、石田宏樹さん(社外)、東出隆幸さん、川端俊宏さん、の計48人の皆様にも、感謝申し上げます。加えて、これまでぴあの従業員として会社を支えてくれた約5500人とその家族の皆さんにも感謝申し上げます。

最初に私のぴあ人生を導いてくれた大恩人の、田辺茂一さん（紀伊國屋書店元社長）と中村義治さん（教文館元社長）には、言い尽くせない感謝の気持ちでいっぱいです。

創業期のぴあを表舞台に引き上げてくれた、佐橋滋さん（元通産省次官）、今里廣記さん（日本精工（株）会長）、江戸英雄さん（三井不動産（株）会長）、佐治敬三さん（サントリー（株）社長）、瀬島龍三さん（伊藤忠商事（株）会長）には心からの感謝の意を捧げたいと思います。それにいつも心の支えだった盛田昭夫さん（ソニー（株）会長）にも感謝です。

また揺籃期には、樋口廣太郎さん（アサヒビール（株）会長）、入江雄三さん（（株）電通取締役）、出井伸之さん（ソニー（株）会長）、福井俊彦さん（（株）富士通総研理事長、日本銀行総裁）、鈴木敏文さん（（株）セブン&ホールディングス会長）、足立直樹さん（凸版印刷（株）会長）、の皆様方には厳しくも心強い的確な経営指導をいただきました。心より感謝申し上げます。

そして本当に窮地に陥った時に助けていただいたのは、稲盛和夫さん（京セラ（株）会長）でした。稲盛さんには盛友塾や盛和塾を通しての経営指導のみならず、不名誉なクーデター事件を収拾していただきました。私は大声で怒鳴られました。そして、脱線した車輪をレールに正しく戻してもらいました。上場後には特別顧問にご就任をいただきました。その意味では、稲盛さんは至らなかった私とぴあを救済してくれた大恩人です。

また、佐久間曻二さん(元松下電器産業(株)副社長、(株)WOWOW 会長)には、後年の経営危機の苦しい時期をを精神的に支えていただきました。もとは当時松下電器産業(株)の社長だった山下俊彦さんのご紹介でお会いしたのがご縁で、ぴあが経営危機に陥る2008年から社外取締役にご就任いただいてきました。社長の器量が試される経営危機に際し、ご自分のWOWOWでの再建の経験をもとに、何度も叱咤激励をいただきました。挫けそうになる気持ちを支えて下さったのは佐久間さんでした。大きな二度の危機を乗り越えてこれたのは佐久間さんのお陰です。佐久間さんも私にとっては大恩人です。

まだまだお世話になった方達はたくさんいます。ここに書ききれなかった皆様にも感謝の気持ちを込めて、私のぴあ50年を締めくくりたいと思います。

最後に、編集に協力してくださった南山武志さんと、全体進行の小林一八くんがいなければこの本は完成していません。心よりの感謝を申し上げます。

参考資料

年表「私とぴあのこれまで」

年表「私とぴあのこれまで」

1950年1月	福島県石城郡四倉町（現いわき市）に生まれる
1956年4月	四倉町立大浦小学校入学
1962年4月	四倉町立四倉中学校入学
1965年4月	福島県立磐城高等学校入学
1969年4月	中央大学法学部入学
1972年7月	月刊情報誌『ぴあ』創刊
1973年3月	中央大学卒業
1974年12月	ぴあ㈱設立
1975年9月	『ぴあ』表紙イラスト、及川正通氏連載スタート
1976年10月	『ぴあ』の出版取次店取引開始
1977年12月	「第1回ぴあ展」にて「ぴあフィルムフェスティバル」の前身、「第1回自主製作映画展」を開催
1979年9月	『ぴあ』の発行サイクルを隔週刊へ変更
1981年5月	「自主製作映画祭」を「PFF（ぴあフィルムフェスティバル）」に名称変更し、「PFF1981」を開催
1982年3月	『ぴあmap』を発売し、別冊（MOOKS）展開開始
4月	ぴあオリジナル人事制度を導入

1983年10月　「チケットぴあ」本格スタートの半年前、劇団四季「キャッツ」チケットのみの販売を開始
1984年4月　「チケットぴあ」サービス開始
　会員制度「ぴあカード」運営開始
1985年6月　情報誌『ぴあ関西版－Q』創刊
1986年4月　大阪支社（現・関西支社）開設
1987年12月　テレビ情報誌『TVぴあ』創刊
1988年3月　ライブ会場「PIT」を旧国鉄汐留の操車場跡地に期間限定でオープン
7月　チケットぴあ名古屋㈱設立
8月　名古屋支局（現・中部支社）開設
9月　『ぴあ中部版』創刊。「チケットぴあ」中部地区でサービス開始
1990年2月　チケットぴあ九州㈱設立。九州営業所開設
3月　「チケットぴあ」九州地区でサービス開始
10月　第一回「ニュービジネス大賞」受賞
11月　首都圏版『ぴあ』の発行サイクルを週刊に変更
1993年5月　音声自動応答によるチケット予約「Pコード」を開始
1996年12月　「第18回長野冬季オリンピック」の「オフィシャルサプライヤー」に決定、観戦チケット販売をスタート
1997年10月　ホームページ「@ぴあ」開設
1998年2月　長野冬季オリンピックにおいて、冬季五輪史上最高のチケット販売率88・9％を達成

7月 ぴあの企業理念「ぴあアイデンティティ（ＰＩ）」を発表
9月 ファミリーマートと業務提携。「チケットぴあ」販売ネットワークにファミリーマートが参加
1999年9月 『ＴＶぴあ』に東海版、福岡・山口版、北海道・青森版が加わり、全国5エリアをカバー
12月 チケット販売専用のサイト「@チケットぴあ」開設
2000年4月 北海道営業所（現・北海道支局）開設
5月 「2002ＦＩＦＡワールドカップ™日本・韓国」の国内チケット販売管理業務をＪＡＷＯＣから受託
2001年1月 「2002ＦＩＦＡワールドカップ™日本・韓国」のチケットセンター運営業務を追加受託
2002年1月 東京証券取引所市場第二部に上場
4月 広島事務所（現・中四国支局）開設
10月 ぴあ総合研究所㈱設立
2003年2月 日本最大級の音声認識システム（ＰＰＳ）によるチケット販売を開始
5月 東京証券取引所市場第一部に指定替え上場
6月 仙台事務所（現・東北支局）開設
10月 携帯電話を使ったチケットレスサービス「電子チケットぴあ」がスタート
2004年7月 ぴあ総合研究所㈱が日本初の『エンタテインメント白書』を発行
2005年5月 「愛・地球博」の催事総合プロデューサーに就任、「サツキとメイの家」をプロデュース
6月 ＪＯＣとオフィシャルチケッティングマネジメント契約を締結
2007年9月 「ぴあミュージックコンプレックス」（通称「ぴあフェス」）を若洲公園にてスタート

2008年1月　基幹チケッティングシステムの全面刷新でシステムトラブル
5月　ぴあ初のリストラ実施、社員の⅓が退職
6月　凸版印刷㈱、㈱経営共創基盤への第三者割当増資を実施
2009年12月　セブン&アイグループと業務・資本提携
2010年4月　㈱東京音協がぴあグループとして営業開始
6月　セブン-イレブンでの「チケットぴあ」サービスを再開
2011年1月　本社オフィスを渋谷区東の「渋谷ファーストタワー」に移転
4月　震災復興支援のボランティア活動「チームスマイル」プロジェクトがスタート
7月　情報誌『ぴあ』を休刊
2012年10月　震災復興支援プロジェクト「チームスマイル」を一般社団法人化
2013年5月　KDDI㈱と業務提携
2015年10月　ぴあグローバルエンタテインメント㈱を設立
2017年3月　「第12回渡辺晋賞」を受賞
4月　「PFF(ぴあフィルムフェスティバル)」を一般社団法人化
12月　全社員を対象に全社員持株制度(リストリクテッド・ストック=RS)を導入
2018年11月　雑誌「ぴあ」の後継、アプリ版「ぴあ」スタート
2019年5月　2020年東京オリンピック・パラリンピックにおける「チケッティング業務委託事業者」(TSP)として、観戦チケット販売を開始

11月　「ラグビーワールドカップ２０１９日本大会」における「チケッティングサプライヤー」として、国内外のチケッティング業務を受託し、史上最高の販売率99・３％を達成
ぴあフィールドサービス㈱を設立
２０２０年２月　ＰＦＦ主催「大島渚賞」を創設、第1回受賞者を発表
3月　ＰＦＦ主催「第1回大島渚賞」授賞式・記念上映会を開催
4月　横浜・みなとみらいに「ぴあアリーナＭＭ」を竣工
7月　「ぴあアリーナＭＭ」をぴあの創業記念日に開業
２０２１年４月　ぴあコーポレート・アイデンティティ（ＣＩ）を発表
5月　三菱地所㈱と業務・資本提携契約を締結
6月　「ぴあステーション」「チケットぴあスポット」の運営終了
7月　東京オリンピック・パラリンピック一年遅れで開幕。大会中のゲーティング業務をスタート
２０２２年３月　ぴあネクストスコープ㈱を設立（のちにぴあ朝日ネクストスコープ㈱に改称）
4月　東京証券取引所プライム市場へ移行
5月　三菱地所との合弁会社、ＭＥＣぴあクリエイティブ㈱を設立
7月10日　創業50周年
11月17日　ぴあアリーナＭＭで、創業50周年記念感謝イベントを開催

[著者] **矢内 廣**（やない・ひろし）

1950年1月、福島県いわき市生まれ。

県立磐城高校を卒業後、中央大学法学部在学中の
1972年に月刊情報誌『ぴあ』を創刊。

1974年、ぴあ株式会社を設立し、代表取締役社長に就任。

1984年には、日本初のコンピュータオンラインチケットサービス「チケットぴあ」をスタート。

チケットの先行予約を特典にしたクレジットカード「ぴあカード」会員制を同時スタート。


2002年に東証二部、2003年には東証一部に上場（現在はプライム市場）。

2011年に「ぴあ」休刊、2018年、「アプリ版ぴあ」をリリース。

2020年には横浜・みなとみらいに1万人収容の「ぴあアリーナMM」をオープン。


現在は、ぴあグループ各社の代表のほか、（一社）PFF（ぴあフィルムフェスティバル）理事長、

（一社）チームスマイル代表理事、公職として、（一社）日本雑誌協会理事、

（公財）新国立劇場運営財団評議員、日本アカデミー賞協会組織委員会委員、

（公財）ユニジャパン評議員等を務める。


趣味はエンタテインメント鑑賞のほか、俳句、声楽。

社内のラーメン部名誉部長、落語部名誉部長。

64歳でホノルルマラソンに初挑戦して以来3年連続完走。

現在は、安くて旨い「絶品グルメの店」探訪中。

「岩は、動く。」矢内 廣　著

2022年12月30日　初版第1刷発行

発行・発売	ぴあ株式会社　〒150-0011　東京都渋谷区東1-2-20　渋谷ファーストタワー 03-5774-5262(編集)／03-5774-5248(販売)
発行人	木本 敬巳
編集	小林 覚(一八)
編集協力	南山 武志(フリーランス編集者・ライター)
デザイン	POOL inc. クリエイティブディレクター　小西 利行 アートディレクター　宮内 賢治 デザイナー　伊東 陽菜 FAUVE　佐藤 秀紀
DTP制作	株式会社イメージング・ワークス　石川 雅広　神田 みゆき
印刷・製本	凸版印刷株式会社
帯写真	株式会社朝日新聞出版

本書は2022年8〜10月にかけて執筆されたものです。

ISBN 978-4-8356-4670-1